The Window Wide Open

La Finestra Spalancata

The Window Wide Open

La Finestra Spalancata

Poems

Nelly Capra

Edizioni
Due Soli

2023

Copyright © 2023
Nelly Capra
All Rights Reserved.

Edizioni Due Soli
ISBN Number 978-1-7342742-3-3

Cover:
Collage with Poem
by the author Nelly Capra

For Rosina, our mother
by Nelly and Piero

Per Rosina, nostra madre
di Nelly e Piero

BETWEEN WORLDS

At the stone mill
where she did the wash
I quench my thirst.
Gelid, pure water
flows from the mountain
blessed, to the walls
of the austere convent.
In the air
fragrant of ancient cypresses
our mother rests
with her brothers.
As for us
we are still here
still roaming the world.

VAGARE NEI MONDI

Al mulino di pietra
mi disseto alla fonte
dove i panni lavava.
Scende dalle montagne
acqua gelida e pura,
benedetta alle mura
dell'austero convento.
Nell'aria odorosa
degli antichi cipressi
nostra madre riposa
insieme ai fratelli.
Noi
qui rimaniamo
ancora in cammino.

FOREWORD

"You Sang, The Window Wide Open"
by Cristina Bobbio

Words like ingredients of fantastic foods, colors of a palette that flow from the movements of the heart; clarifying words, capable of bringing order, even for brief moments, in the turmoil of an existence; saving words, compass needles that in crucial moments indicate a direction: Nelly knows well in what ways and quantities to mix the elements. Like cooking, music and colors on a canvas, Poetry is alchemy. And it may happen that the Poet herself is surprised at her own work, because it tells her something that she was previously unaware of. Such is Nelly's amazed gaze at the magic of words that transform reality, at the energy that throws a window open to the world. "The wide open window," like Giacomo Leopardi's hedge, places a physical limit on the horizon, however it allows the air to enter a narrow space and to the soul to fly beyond, sometimes discovering the abyss that opens up before the eyes. But Nelly does not stop. From the eye of the window she moves to a walk on the streets, to the natural human journey, to her children, to the love for a man. Like her mother, Rosina, torn from the roots of her own land, she too uproots herself, she repeats the gestures of her ancestors and invents other gestures, all of her own. Despite her awareness that "At the restaurant at the end of the universe the real last supper will be served," the concreteness of the present time prevails over any other image or thought—from the food prepared with dedication and imagination to the word that saves.

Cristina Bobbio lives in Italy between Belforte Monferrato, Piedmont and Macari, Sicily. She is the author of various novels and a series of short stories: *Tina and the Stranger, Six Genoese Stories*; *Papagena, my Sugar*, *A Semi-Serious Guide to Opera Librettos*; the short novel *The Travel Companion*; *The Genius of the Cat, Two Stories Told by an Extraordinary Cat*; the novel *Mose and I*.

PREFAZIONE

"Cantavi, la finestra spalancata"
di Cristina Bobbio

Parole come ingredienti di cibi fantastici, colori di una tavolozza che sgorgano dai moti del cuore; parole chiarificatrici, capaci di fare ordine, anche per brevi istanti, nel tumulto di un'esistenza; parole salvifiche, aghi di bussole che in momenti cruciali indicano una direzione: Nelly sa bene in quali modi e quantità mescolare gli elementi. Come la cucina, la musica e i colori su una tela, la Poesia è alchimia. E può accadere che il Poeta stesso si stupisca della propria opera, perché gli narra qualcosa che prima ignorava. Tale è lo sguardo meravigliato di Nelly di fronte alla magia delle parole che trasformano il reale, all'energia che spalanca una finestra sul mondo. "La finestra spalancata", come la siepe di Giacomo Leopardi, pone un limite fisico all'orizzonte, tuttavia permette all'aria di entrare in uno spazio ristretto e all'anima di volare oltre, scoprendo talvolta l'abisso che si spalanca davanti agli occhi. Ma Nelly non si ferma, dall'occhio della finestra passa al cammino sulle strade, al naturale percorso umano, ai figli, all'amore per un uomo. Come la madre, Rosina, strappata alle radici della propria terra, anche lei si sradica, ripete i gesti degli avi, della memoria, e altri ne inventa, tutti suoi. Malgrado la consapevolezza che "Al ristorante alla fine dell'universo la vera ultima cena sarà servita", la concretezza del presente—dal cibo preparato con dedizione e fantasia alla parola che salva—prevale su ogni altra immagine o pensiero.

Cristina Bobbio vive tra Belforte Monferrato, Piemonte e Macari, Sicilia. È autrice di vari romanzi e serie di racconti: *Tina e lo straniero, Sei storie genovesi*; *Papagena, zuccherino mio, Guida semiseria ai libretti d'opera*; il romanzo breve *La compagna di viaggio*; *Il Genio del Gatto, Due racconti narrati da un gatto straordinario*; il romanzo *Mose ed io*.

Three-Dimensional Mosaic
by Mauro Castagneto

The immediate impression one draws from a first reading of this collection is that of a three-dimensional mosaic distributed on the faces of a polyhedron, whose *tesserae* are the compostions that design its surface. On each face a different Nelly, that is a "wide open window" on the author herself, through which one finally sees the wholeness of the person: the woman who makes, who creates, who watches over her loved ones, who understands, but who also knows how to open your eyes, sometimes abruptly.

The spirit of this collection and of the author can be grasped right from the opening poem, indeed, from its first verse, in which from a vaguely Emily-Dickinsonian, light and vaporous atmosphere, one suddenly jumps to "I have stuff to do in the kitchen."

The following lines take you by surprise, because "mountains of meatballs" and "kilometers of noodles" enter the scene, replacing in an unusual way, but to a certain extent not completely unexpected, "scented candles," "music" and "poetry."

Musicality and poetry remain, however, from verse to verse the vehicle of the scent of ancient things, traditions and times that Nelly, in her role as their interpreter, pours into her "ingredients."

This is the Nelly Capra who acquires and runs for a decade, thus saving it from an obscure ending, "*Antica Sciamadda*," an ancient and glorious *Torte* and *Farinata* store, a monument to the most traditional Genoese gastronomy in the historic center of her city, Genoa.

Genoa is a city "with an air dense, filled with salt and bloated with smells" as Fabrizio De André, another of its children sings in "*La città vecchia*" and as Nelly reminds us in her "Stroll in the Ancient City." It's difficult to escape its charm even when one is far away and writes poetry in another language.

In "Red Beets" with her usual simplicity, Nelly takes us into the dimension of love, the most rooted and deep in man, the first after coming into the world, and it is the mother who nourishes you and accompanies you with patience and condescension to ... and here the discourse can only remain suspended, because it is what concerns each of us.

Un mosaico tridimensionale
di Mauro Castagneto

L'impressione immediata che si trae fin da una prima lettura di questa raccolta è quella di un mosaico tridimensionale distribuito sulle facce di un poliedro, le cui tessere sono le composizioni che ne disegnano la superficie. Su ogni faccia una Nelly Capra diversa, ovvero una "finestra spalancata" sull'autrice stessa, attraverso cui si vede, infine, l'unitarietà della persona: la donna che fa, che crea, che custodisce gli affetti, che comprende, ma che sa anche aprirti gli occhi, talvolta bruscamente.

Lo spirito di questa raccolta e dell'autrice si colgono già dal componimento di esordio, anzi, dalla sua prima strofa, in cui da un'atmosfera vagamente emily-dickinsoniana, leggera e vaporosa, si passa di colpo a un "da fare in cucina".

Il seguito è spiazzante, perché entrano in scena "montagne di polpette" e "chilometri di tagliatelle", che sostituiscono in modo inusuale, ma in una certa misura non inatteso, "candele profumate", "musica" e "poesia".

Musicalità e poesia che restano però di verso in verso il veicolo del profumo di cose antiche, di tradizioni e di tempi che Nelly, nella sue veste di loro interprete, riversa nei suoi "ingredienti".

Questa è la Nelly Capra che acquisisce e conduce per una decade, salvandola da una fine oscura, la "Antica Sciamadda" un antico e glorioso negozio di Torte e Farinata, un monumento alla gastronomia genovese più tradizionale, nel centro storico della sua città, Genova.

Genova, una città "con un'aria spessa, carica di sale e gonfia di odori", come canta Fabrizio De Andrè, un altro suo figlio d'arte ne "La città vecchia", e come ci ricorda Nelly nella sua "Passeggiata nel Centro Storico". Difficile sottrarsi al suo fascino anche quando si è lontani a poetare in un'altra lingua.

In "Bietole rosse", con la semplicità che le è solita, Nelly ci porta nella dimensione dell'amore, quella più radicata e profonda nell'uomo, la prima dopo essere venuti al mondo, ed è la mamma che ti nutre e ti accompagna con pazienza e condiscendenza verso ... e qui il discorso non può che restare sospeso, perchè è quello che riguarda ciascuno di noi.

In "Sheer Beauty" Nelly's essence as a woman emerges more than explicitly, indeed, the essence of all women, with their multifaceted ability to play all the fundamental roles, including "loving the unknown," against the stagnation of habit and adaptation to easy solutions. Nelly believes no one has easy solutions because "everyone holds a piece of the solution in their hands." With this statement the logical leap is immediate and the task is to mix the various fragments of the solution and let them cook over low heat as one does with the ingredients of a dish simple but full of substance.

"Madeleine does not cry": what can I say? If "water is transformed into wine / and wine into blood," the words are transformed into a high and solemn lyricism, serene, because everything has been reconciled.

I conclude with "Wonder," which has the flavor of an Ionian lyric. This poem seems to suggest how the whole meaning of life lies in the choice of the "sweetest figs."

Mauro Castagneto lives in Genoa, Italy. He is the author of the poetry collection *Lyridi*; the collection of stories and recipes *The Good Things Around Me, Recipes of Grandmothers and Aunts, Scents of Land, Seas and Overseas*; *The Other Side of the Moon, Kepler between Astrology and Astronomy*; *The Photographic Atlas of the Moon*; *Modern Astronomy*.

In "Solo con la bellezza" l'essenza della donna che è Nelly Capra emerge più che esplicitamente, anzi, quella di tutte le donne, con la loro multiforme capacità di rivestire tutti i ruoli fondamentali anche "amando l'ignoto", contro la stagnazione dell'abitudine e dell'abbandono alle soluzioni facili, che nessuno ha, perché "ognuno tiene in mano un pezzo di soluzione" col che il salto logico è immediato: il compito è quello di mescolare i vari frammenti della soluzione e lasciar cuocere a fuoco gentile come si fa con gli ingredienti di un piatto semplice ma pieno di sostanza.

"Maddalena non piange": che dire? se "l'acqua si trasforma in vino / e il vino in sangue", le parole si trasformano in una liricità alta e solenne, ma serena, perché tutto è stato pacificato.

Concludo con "Meraviglia", che col sapore di una lirica ionica, ci fa capire come tutto il senso della vita stia nella scelta dei "fichi più dolci".

Mauro Castagneto vive a Genova. È autore della collezione di poesie *Lyridi*; La collezione di storie e ricette *Le cose buone intorno a me*, *Ricette di nonne e zie e odori di terra, di mare e d'oltremare*; *L'altra faccia della Luna, Keplero tra astronomia e astrologia*; *Atlante fotografico della Luna*; *Astronomia moderna*.

INTRODUCTION

Note from the Author
Nelly Capra

This collection frames the body of work that I developed during the last twenty years. It includes my first poems in which ars poetica was interwoven with ars culinaria all the way to the later ones dealing with cycles, intuition, magic, the otherworldly. Some were born in English and were translated into Italian, my native language, others the other way round. I had fun going from one version to the other in search of the perfect expression for what I had in my mind and my heart. The title was inspired by a line of the poem dedicated to my mother: You sang, the window wide open. But it's also a metaphor: the window is a frame, open wide over a horizon of infinite possibilities or, if we prefer, over the void.

Nelly Capra is from Genova, Italy and has resided in California since 1991. She writes poetry, articles, and short stories both in English and in her native language, Italian. Her work has been published in literary magazines, anthologies, and newspapers, in print and online in both countries. Her poetry translations have appeared in specialized magazines, such as *Traduzionetradizione* (Milan). Nelly loves to combine poetry and art. Her artwork and poetry have appeared in various exhibitions in California. She is in the process of publishing a collection of culinary stories in Italian and English entitled *Yes, I Know How to Do It* in collaboration with Liliana Ricchetti.

INTRODUZIONE
Nota dell'Autore
Nelly Capra

Questa collezione è un'inquadratura sul lavoro che ho svolto durante il corso di vent'anni: dalle prime poesie in cui l'ars poetica si intreccia all'ars culinaria fino a quelle scritte nell'ultimo periodo che trattano di cicli, intuizioni, cose dell'altro mondo. Alcune sono nate in inglese e sono state tradotte in italiano e altre viceversa. Mi sono molto divertita a passare dall'una versione all'altra alla ricerca della perfetta espressione di quel che avevo in mente e nel cuore. Il titolo è stato ispirato da un verso della poesia che ho dedicato a mia madre: Cantavi, la finestra spalancata. Ma è anche una metafora: la finestra non è che una cornice, spalancata su un orizzonte di infinite possibilità o, se si preferisce, sul vuoto.

Nelly Capra, di Genova risiede in California dal 1991. Scrive poesie, racconti e articoli sia in inglese che nella sua lingua natale, l'italiano. I suoi lavori sono stati pubblicati in riviste letterarie e di viaggio, antologie, giornali e online. Le sue traduzioni di poesie sono apparse in riviste specializzate quali *Traduzionetradizione* (Milano). Ama inoltre associare arte e poesia. I suoi lavori e poesie sono stati esibiti in varie mostre in California. È di prossima pubblicazione una raccolta di storie culinarie in italiano e in inglese dal titolo *Sì, lo so fare* in collaborazione con Liliana Ricchetti.

Contents

Foreword | Prefazione	iv | v
Introduction | Introduzione	x | xi

FLAVORS COLORS MOODS
SAPORI COLORI UMORI

Between Me and My Poem |	4
Tra me e la mia poesia	5
We Go to Work Each Day |	8
Andiamo a lavorare tutti giorni	9
Red Beets | Bietole rosse	10 | 11
Gnocchi | Gnocchi	12 | 13
Blue | Blu	14 | 15

WOMEN AND HOMES
DONNE E CASE

Sheer Beauty | Solo con la bellezza	20 | 21
Sea's the Moment | Afferra il momento	22 | 23
You Sit in the Kitchen | Sei seduta in cucina	24 | 25
Magdalene Doesn't Cry |	28
Maddalena non piange	29
Foreigners | Stranieri	34 | 35
Stroll in the Ancient City |	38
Passeggiata nel centro storico	39

MOTHERS AND DAUGHTERS AND SONS
MADRI E FIGLIE E FIGLI

Sweet Irene | Dolce Irene	44 | 45
With Love, Mom | Con amore, mamma	46 | 47
Graduation | Diploma	48 | 49
Millions of Candles | Milioni di candele	50 | 51
You Sang, The Window Wide Open |	52
Cantavi, la finestra spalancata	53

MAGIC AND OTHERWORLDLY
MAGIA E COSE DELL'ALTRO MONDO

Unio Mystica | Unio mystica	58 | 59
Wonder | Meraviglia	60 | 61
In the Magic Box | Nella scatola magica	62 | 63
Goooool! | *Goooool!*	66 | 67
Two Suns | Due soli	70 | 71
More than a Thousand Years Ago |	74
Più di mille anni fa	75
Toward the Fifth Dimension |	76
Verso la quinta dimensione	77

DREAMY AND IN LOVE
INNAMORATA E SOGNANTE

The Season of Roses | La stagione delle rose	80 | 81
For your Right Ankle |	84
Per la tua caviglia destra	85
Orgasm | Orgasmo	88 | 89
The Serpent | Il serpente	90 | 91
Lack of Habit | Mancanza di abitudine	92 | 93
A Collar and a Chain |	96
Un collare e una catena	97
Men Who Recite Long Poems by Heart |	98
Gli uomini che recitano lunghe poesie a memoria	99
Silvery Laughter | Una risata argentina	100 | 101
Poetry Seminar | Seminario di poesia	102 | 103

RHYMES CYCLES INSIGHTS
RIME CICLI INTUZIONI

The Splendor of Lucidity |	108
La splendida lucidità	109
Porous Being | Essere poroso	112 | 113
Looking for 360 Pope Street |	114
Alla ricerca di 360 Pope Street	115
The Trees and the Sea | Gli alberi e il mare	118 | 119
Up Close | Da vicino	122 | 123
Ordinary People | Gente comune	126 | 127
Resonance | Risonanze	128 | 129
Studying Ken Wilber: Timewave Zero |	132
Studiando Ken Wilber: Timewave Zero	133
Notes | Note	136 | 137
Acknowledgements | Ringraziamenti	142 | 143

Poems ~ Poesie

You sang, the window wide open

Cantavi, la finestra spalancata

Flavors Colors Moods

Sapori Colori Umori

BETWEEN ME AND MY POEM

This morning I want to sit at my desk
look out the window
listen to music
and write a poem.
I head to the kitchen instead.

Between me and my poem
a mountain of meatballs
kilometers of dough
pools of tomato sauce
crates full of artichokes, spinach and chard
to wash and slice, peel and trim.

Patiently
like words in a poem
one by one
in clumps and in bunches
I combine and shape my ingredients.

I knead dough
until smooth and elastic
like words
stretching and growing
into breads and focaccia
poems and stories.

./.

TRA ME E LA MIA POESIA

Stamane vorrei sedermi al tavolo
guardare dalla finestra
ascoltare musica
e scrivere una poesia.
E invece ho da fare in cucina.

Tra me e la mia poesia
montagne di polpette
chilometri di tagliatelle
piscine di salsa di pomodoro
casse e casse
di carciofi, spinaci, cipolle
da pulire, pelare, affettare.

Pazientemente
come parole di una poesia
uno per uno
a ciuffi e a mazzi
combino e do forma ai miei ingredienti.

Lavoro la pasta
finché è liscia ed elastica
come parole
che stendo e lascio lievitare
in pane e focacce
poesie e storie.

./.

Poets, chefs, saints
possess
the patience
the passion
the faith
to accomplish these miracles.

Focaccia warm from the oven
like a poem straight from the heart
nourishes body and soul
inspires longings, satisfies hungers
brings back lost, forgotten treasures.

Poeti, chef, santi
posseggono
la pazienza
la passione
la fede
per compiere questi miracoli.

Una focaccia appena sfornata
come una poesia scritta col cuore
nutre corpo e anima
ispira avventure
evoca tesori persi, dimenticati.

WE GO TO WORK EACH DAY

The orange tree is serious
when it releases
the potent smell of its blossoms
It calls out: live!
To the bumble bee: sip!

The ice plant, caressed by the sun
opens and returns its love
with the intensity of its pink and purple
oblivious to saving for tomorrow

Life sings love songs
jam sessions, operas
Pavarotti, Miles Davis
the mocking bird, the nightingale

The world and its creatures
plants, animals, people
work each day
Each day they are
in the business of life

I line up my ingredients
turn the stove on
chop tomatoes and onion
sing my favorite song

With the rhythm of my song
the red of the sauce
the green of the basil
the aroma of fresh bread
I too am in business

I join the concert of life

ANDIAMO A LAVORARE TUTTI I GIORNI

L'arancio è serio
quando emana
l'aroma penetrante dei suoi fiori
A me grida: vivi!
All'ape: succhia!

L'ibisco, accarezzato dal sole
si apre e ricambia il suo amore
con l'intensità dei suoi rossi
dimentico di conservarne per domani

La vita canta canzoni d'amore
jam session, opere
Pavarotti, Miles Davis
tordi, usignoli

Il mondo e le sue creature
piante, animali, gente
lavorano tutti i giorni
Tutti i giorni sono
nel business della vita

Metto in fila gli ingredienti
accendo i fornelli
trito pomodori, affetto cipolle
canto la mia canzone preferita

Col ritmo della canzone
il rosso del sugo
il verde del basilico
l'aroma del pane fresco
anch'io sono in business

Mi unisco al concerto della vita

RED BEETS

I took you by the hand
and we went to the market

At the market
I bought greens, leeks
and red beets

You said you can't stand them
you won't even eat anything
touched by beets

Will you kiss me then?

BIETOLE ROSSE

Ti ho preso per mano
e siamo andati al mercato

Al mercato
ho comprato spinaci, porri
e rape rosse

Tu hai detto che non le sopporti
non assaggerai niente
che sia stato toccato dalle rape rosse

Mi bacerai allora?

GNOCCHI

Soft silken pillows
not as decadent as chocolate
but just as sinful
your mother's nipples
weren't this soft

Mash boiled potatoes
mix with just enough flour
shape dough into a loaf
as warm as a thigh
and just as smooth

Carve each tiny piece of dough
lightly with your thumb
You'll soon learn
how much pressure
to apply

Watch the simmering water:
when they float to the surface
they're done

Savor them dressed
with emerald green pesto
or deep red *ragù*
with a glass of wine
Your deepest hunger
will be satisfied

GNOCCHI

Soffici guanciali di seta
non decadenti come cioccolatini
ma ugualmente peccaminosi
i capezzoli di tua madre
non erano così morbidi

Schiaccia patate bollite
mescola con farina quanto basta
dai forma a un impasto
tiepido come una coscia
e altrettanto liscio

Cava ogni pezzettino di pasta
leggermente con il pollice
Ben presto imparerai
quanta pressione
applicare

Guarda l'acqua che bolle:
quando affiorano in superficie
sono pronti

Assaporali conditi
con pesto verde smeraldo
o con ragù rosso oro
insieme a un bicchiere di vino
La tua fame più profonda
sarà soddisfatta

BLUE

In blue pajamas
the morning slows down
drenched in sadness
I can't see over the horizon
of this rainy day
wind
cars splashing in the wet street
nothing new

blue mood reverie
blue sky bluebeard blue rose
blue murder
the candle burns blue

nobody can tell me
I shouldn't make my home
in the blue recess of my mind
blue fire to dry my wet soul
blue sea to wet my dry thoughts
no message of hope
nor despair
no light at the end of the tunnel
no resurrection
hope makes black blacker and stickier

I proclaim
it's ok to be blue
I love blue
in transit between black and white
blue brings black with it
blue protects white from innocence
blue suggests silver
even the darkest blue
is not black

BLU

In pigiama blu
il mattino rallenta
intrisa di malinconia
non vedo oltre l'orizzonte
di questo giorno di pioggia
vento
in strada macchine sfrecciano
nelle pozzanghere
niente di nuovo

barbablù *bolle blu* rosa blu
malumore blu fantastico in blu
blu dipinto di blu

nessuno mi venga a dire
che non c'è rifugio
nei recessi blu della mente
fuoco blu per asciugare l'anima umida
mare blu per inumidire pensieri aridi
nessun messaggio di speranza
né disperazione
nessuna luce alla fine del tunnel
né resurrezione
la speranza rende il nero più nero
e più appiccicoso

Proclamo
che è ok esser blu
amo il blu
a cavallo tra nero e bianco
blu porta con sé nero
il blu protegge il bianco dall'innocenza
blu suggerisce argento
persino il blu più scuro
non è nero

I see the world through blue
brilliance of peacock tail
I live at the bottom
near whatever is below
must be blue and must be empty
or the antidote won't appear in the poison

Vedo il mondo in blu
splendore di ruota di pavone
vivo vicino al fondo
vicino a quel che è in basso
dev'esser blu e dev'esser vuoto
o l'antidoto non compare nel veleno

Women and Homes

Donne e Case

SHEER BEAUTY

Those eyes
are just the beginning
you can't even imagine
where that smile
will take you

Those lips speak
create realities
hands
move
worlds
coax
caress
point new ways

Mothers wives
sisters daughters
we are women
we are healers
we are warriors

Life on the line
digging
nurturing roots
loving the unknown
No need to be rocket scientists
each one holds a piece of the solution

Changing the world
with sheer beauty

SOLO CON LA BELLEZZA

Quegli occhi
sono solo l'inizio
non puoi neanche immaginare
dove ti porterà
quel sorriso

Quelle labbra parlano
creano realtà
mani
muovono
mondi
persuadono
accarezzano
indicano nuove vie

Madri mogli
sorelle figlie
siamo donne
siamo guerriere
sappiamo guarire

La vita in gioco
scavando
nutrendo le radici
amando l'ignoto
Non c'è bisogno di essere scienziati
ognuno tiene in mano un pezzo della soluzione

Con la bellezza
cambiamo il mondo

SEA'S THE MOMENT
for Daniela

Enthroned
in plastic Cape Cod beach chair
planted in the sand at the edge of the water
the queen of Eastern and Western shores
scans the horizon
while leafing through her book.

She giggles a little
stretches her legs
takes a drink of water
takes in her dominion
then resumes her reading.
Offshore
a couple of surfers
and four pelicans bobbing up and down
are left to fend for themselves.

Behind her stretches the land
from sea to shining sea.
In front, miles upon miles
of Atlantic waves
a liquid bridge
to more familiar, bluer, warmer waters.

The wind sweeps the empty beach now
from south to north
the tide recedes
leaving behind shells, white sand
and food for sandpipers.

In the setting sun
filtering through high clouds
she closes her eyes
and dreams of sailing
the yet unexplored seas.

AFFERRA IL MOMENTO
per Daniela

Seduta in trono
su sdraio di plastica
piantata nella sabbia al margine dell'acqua
la regina dei lidi d'Oriente e d'Occidente
scruta l'orizzonte
mentre sfoglia le pagine di un libro.

Sorride lievemente
allunga le gambe
beve un sorso d'acqua
sorveglia il suo dominio
poi riprende a leggere.
Al largo
un paio di surfisti
e quattro pellicani che galleggiano su e giù
dovranno cavarsela da soli.

Dietro di lei si allunga la terra
from sea to shining sea.
Di fronte, miglia e miglia
di onde atlantiche
ponte liquido
verso acque più blu, più calde, più familiari.

La brezza spazza ora la spiaggia vuota
da sud a nord
la marea si abbassa
scopre sabbia bianca
conchiglie, cibo per piovanelli.

Il sole al tramonto
filtra fra nuvole alte.
Lei chiude gli occhi
sogna di alzar la vela
verso terre ancora inesplorate.

YOU SIT IN THE KITCHEN
for Lilly

You sit in the kitchen
like I remember you.
You show me something
you are sewing
with colorful threads
of cotton and silk.
Sunlight comes in through the balcony.
It sparkles, it's blue like the sea out there
the fabric you are stitching.

> *Nelly, you know, I do everything*
> *myself.*
> *Look, yes, also that shelf*
> *the rag doll*
> *the lace curtains*
> *the embroidered ton-sur-ton tablecloth*
> *the red ceramic cup*
> *the watercolor of a woman surrounded*
> *by acacias.*

Lilly, I kept all the things you left behind years ago
together with our life-long friendship
they are still with me.
Do you want that coffee set
with the tall white cups we used every day?

> *Yes, one needs everything.*

Do you mean also me?

./.

SEI SEDUTA IN CUCINA
per Lilly

Sei seduta in cucina
proprio come ti ricordo.
Stai cucendo qualcosa
con fili colorati
di cotone e di seta.
La luce entra dal balcone.
Brilla, è blu come il mare là fuori
la maglia che stai lavorando.

>*Nelly, sai, faccio tutto da sola*
>*guarda, sì anche quello scaffale*
>*la bambolina di pezza*
>*le tende di pizzo*
>*la tovaglia ricamata tono su tono*
>*la tazza di ceramica rossa*
>*l'acquarello di una donna tra le mimose.*

Lilly, tutte le cose che hai lasciato anni fa
insieme alla nostra amicizia di una vita
le ho conservate, sono ancora con me.
Vuoi quel servizio da caffè
quello bianco con le tazze alte
che usavamo tutti i giorni?

>*C'è bisogno di tutto.*

Intendi dire, anche di me?

> ./.

You don't smile
not even after all this time.

Now I recall your subtle scent
the aroma
my delight
the delicacy
of your gnocchi al pesto
you used to make just for me.

Non sorridi
nemmeno dopo tutto questo tempo.

Ora ricordo il tuo odore sottile
l'aroma
la gioia
la delicatezza
degli gnocchi al pesto
che facevi apposta per me.

MAGDALENE DOESN'T CRY

You didn't know
how deep the well was
standing guard at the castle's entrance
meters and meters of rope
to draw water.
Your groom's house
was smoky and dark
where you arrived newly married
you who came from the land
of pure, running water.

You didn't know, mother
that, here, water turns into wine
wine into blood
water underground
wine in glass
blood in veins.
Your young blood
didn't know
the agony
of his mother
without words
without tears
befuddled by wine
by the thought of losing
her son
you couldn't understand
the lament of a mother.

./.

MADDALENA NON PIANGE

Tu non sapevi
quanto fosse profondo
il pozzo a guardia del castello
metri e metri di corda
per tirar su l'acqua.
La casa era affumicata e buia
dove, appena sposata, arrivasti
tu che venivi dalla radiosa terra
dell'acqua pura e corrente.

Non sapevi, mamma
che l'acqua qui si trasforma in vino
il vino in sangue
l'acqua sotto terra
il vino nel bicchiere
il sangue nelle vene.
Il tuo sangue giovane
non poteva sapere
l'agonia
di una madre
senza parole
senza lacrime
intossicata dal vino
dal pensiero della perdita
del suo *fanciot**
non potevi capire
il lamento di sua madre.

./.

You didn't know, nonna
that on the hill
past the curve of the well
in the church
where water turns into wine
and wine into blood
Magdalene
hands crossed over her breast
isn't crying
she is not contrite
like a repentant sinner
like Don Pietro says.
Dilexit Multum
is written clearly
on her altar.
You didn't know, nonna
that life
is not only sorrow and loss.

You didn't know, father
nobody knew
that the temple
on top of the hill
guarding the well
guarding the castle
where water turns into wine
and wine into blood
is dedicated
to the mother
not sorrowful
not immaculate
not announced
the beloved mother
giver of delight.

Nonna, tu non sapevi
che sulla collina
dietro la curva del pozzo
nel santuario
dove l'acqua si trasforma in vino
e il vino in sangue
Maddalena
le mani incrociate sul seno
non piange
contrita
come una penitente
come dice don Pietro.
Dilexit Multum
è scritto a chiare lettere
sotto l'altare.
Tu non sapevi, nonna
che la vita
non è solo rinuncia e dolore.

Mio padre non sapeva
nessuno sapeva
che il tempio
in cima alla collina
a guardia del pozzo
a guardia del castello
dove l'acqua si trasforma in vino
e il vino in sangue
è dedicato
alla madre
non addolorata
non immacolata
non annunziata
la madre diletta
dispensatrice di diletto.

Mary Magdalene
hands crossed over her breast
doesn't cry
she is not contrite
like a repentant sinner
the secret is revealed
it is out in the street
out of this church under lock and key.
Mary Magdalene
comforts, embraces, loves
points to life
invites
to comfort, embrace, love.

Grandmother, mother, daughter, granddaughter
I came back
to find the roots
reaching for the deep water
that turns into wine
the wine of life
the blood of life.
Now I can forgive and be forgiven
now I can rewrite our story
diligo, dilexi, diligam multum.

Notes:

Dilexit multum: She loved much (same root as: delight)
Diligo, diligam, dilexi: I love, I will love, I loved much

Maria Maddalena
le mani incrociate sul seno
non piange
contrita
come una penitente
il segreto è svelato
è fuori in piazza
fuori da questa chiesa chiusa a chiave.
Maria Maddalena
conforta, comprende, ama
addita la vita
invita
a confortare, comprendere, amare.

Nonna, mamma, figlia, nipote
sono tornata qui
a scoprire la radice
che attinge all'acqua profonda
che si trasforma in vino
il vino della vita
il sangue della vita.
Ora posso perdonare e farmi perdonare
ora posso riscrivere la nostra storia
diligo, dilexi, diligam multum.

Note:
Fanciot: in dialetto piemontese significa "figlio, fanciullo"
Dilexit multum: Amò molto
Diligo, dilexi, diligam: Amo, amai, amerò molto

FOREIGNERS
for Alina and Simo

Not the hills
not the vineyards
not the sounds
too sweet
too lush
fields too green
rolling hills too fertile
wine too strong
fog too thick
faces smiling
hands busy
can grab you by the neck
don't trust
they want something

Alina:

Yes, I will marry you
husband
and
mother-in-law
Home no home
this life no life
Just for a while, I say
Everything but go back
even if I miss
my mother

Simo:

even if I miss
the hot wind of the desert
the profile of
the Atlas Mountains
the red walls
of my city

STRANIERI
per Alina e Simo

Non le colline
non le vigne
non i suoni
dolci
lussureggianti
campi troppo verdi
colline rotonde
troppo fertili
vino troppo forte
nebbia troppo fitta
facce sorridono
mani indaffarate
ti prendono per il collo
non ti fidare
vogliono qualcosa

Alina:

Sì, vi sposerò
marito mio
e
suocera.
Questa casa non è casa
questa vita non è vita
solo per un po', mi dico
Tutto pur di non tornare
anche se mi manca
mia madre

Simo:

anche se mi manca
il vento caldo del deserto
il profilo dei
picchi dell'Atlas
le rosse mura
della mia città

Alina:

I won't forget
the Land of the Eagles
Bjeshkët e Namuna
the Accursed Mountains
the beauty the harshness
I will never wash my clothes
in the cold stream
again

Simo:

My third child is a girl
I will go back to Marrakesh
one day
on vacation
with my new car
she'll speak in a foreign accent

Alina:

Non dimenticherò
la Terra delle Aquile
Bjeshkët e Namuna
le Montagne Maledette
la bellezza, l'asperità
Non laverò
i panni nell'acqua fredda
del ruscello
mai più

Simo:

Il mio terzo figlio è una bambina
Tornerò a Marrakesh
un giorno
con la macchina nuova
in ferie
lei parlerà con accento straniero

STROLL IN THE ANCIENT CITY

I climb down the ancient tower
and walk into the world
exploring its labyrinths

I climb down and mingle in the souq
among smells, flavors, light and dark
Mine is the pain in the eyes of the junkie
mine is the smile of the peddler
mine is the smell of fried cod
mixed with the scent of jasmine and basil
It is mine the strength of the lion
guarding the majestic cathedral
of marble and slate

I cross the barrier of cars waiting at the light
breath in the polluted air
observe around me
the signs
of corruption
disorganization
junkie's faces
immigrant faces
and the doors are all scratched

./.

PASSEGGIATA NEL CENTRO STORICO

Scendo dall'antica torre
e cammino nel mondo
ne esploro i labirinti

Scendo e mi mescolo nel souq
di odori, sapori, chiaroscuri, contatti
Mia è la pena negli occhi del drogato
mio il sorriso del venditore di accendini
mio l'odore di baccalà fritto
mescolato al profumo di gelsomino e basilico
È mia la forza del leone
a guardia della cattedrale
maestosa di ardesia e di marmo

Attraverso la barriera d'auto in coda
respiro l'aria inquinata
osservo
i segni intorno
della corruzione
della disorganizzazione
facce di drogati
troppi immigrati
e i portoni sono tutti graffiati

./.

In the bakery I'm welcomed
by a warm steam
fragrant of fresh bread and focaccia
Back home I make coffee
arrange jasmine in a vase
and open the paper
—five basil bunches
smile at me
tender and green

Tonight
trenette al pesto
with potatoes and green beans

Entro nel forno e mi accoglie
il caldo vapore fragrante
di pane fresco e focaccia
A casa mi faccio il caffè
sistemo gelsomini nel vaso
e apro il giornale
—cinque mazzi di basilico
mi sorridono
teneramente verdeggianti

Stasera
trenette al pesto
con fagiolini e patate

Mothers and Daughters and Sons

Madri e Figlie e Figli

SWEET IRENE
for my daughter

You are eating
your omelette in your room
in a few days you'll be gone
A crystal bowl full of black figs
is not enough to keep you here

Strings tight like a guitar's
run from my guts to my heart
A word, a soft accidental touch
and they play
a funereal tune

Sweet and sour
yellow and green
my blood runs
loaded with poison
I forget to thank God

for this daughter
We'll be fine, I know
right now all I see is green
and empty and dull
Sparrows eat the last of figs

those I cannot reach
Sticky split skin
twenty figs left on the tree
and a whiff of sweetness in the air
Thank you for coming

thank you for leaving
your scent and this sweetness in the air
they belong to the world
the space
the sparrows, the blue jays

DOLCE IRENE
per mia figlia

Stai mangiando
l'omelette in camera tua
Fra un paio di giorni partirai
Una coppa intera di fichi neri
non basta a tenerti qui

Fili tesi come corde di chitarra
corrono dai visceri al cuore
Una parola, un gesto casuale
e intonano un accordo
lugubre

Dolce e acido
giallo e verde
di bile s'affoga
il mio sangue
Dimentico di ringraziare Dio

per questa figlia
Andrà bene, lo so
adesso vedo tutto verde
e vuoto e fosco
I passeri beccano i fichi dei rami alti

che non posso raggiungere
Buccia spaccata, appiccicosa di lacrime
venti fichi ancora sull'albero
e un sentore dolce nell'aria
Grazie di esser venuta

grazie di andar via
il tuo profumo e questa dolcezza nell'aria
appartengono al mondo
allo spazio
ai passeri, ai pettirossi

WITH LOVE, MOM
for Stefano

Tea and honey
to sooth your hacking cough
herbs and oranges
for your congested lungs
and a handful of chocolates
to sweeten your thoughts

I ring the bell once
I wait. Then again.
Sleeping, perhaps
shutters closed
quiet inside
or not in the mood for company

On the doorstep
like on an altar
I leave my offering
A note inside:
With love, Mom

CON AMORE, MAMMA
per Stefano

Te e miele
per lenire la tosse stizzosa
erbe e arance
per i tuoi polmoni congestionati
e una manciata di cioccolatini
per addolcire i tuoi pensieri

Suono il campanello una volta
Aspetto. Suono di nuovo.
Dormi, forse
persiane chiuse
silenzio
o non sei in vena di compagnia

Sulla soglia
come su un altare
lascio la mia offerta
Un biglietto dentro:
Con amore, mamma

GRADUATION

The bird house is alive
with chickadees.
Mom and dad in and out
all day long
holding worms in their beaks
little chicks chirp and squeak.

Every year a new family
same rituals
arguments
recommendations.

From the birch tree
the parents invite the chicks
to leave the nest.
Flutter of wings
hesitation
then, one after the other
they are ready to take off.

In the garden
my son and I
eat breakfast
and write unwilling poetry
together—the last push
toward high school graduation.

DIPLOMA

La casetta degli uccelli
è animata di cinciallegre.
Avanti e indietro mamma e papà
tutto il giorno
portano vermi nel becco
i pulcini pigolano e cinguettano.

Tutti gli anni una nuova famiglia
stessi riti
discussioni
raccomandazioni.

Dalla betulla di fronte
i genitori invitano i pulcini
a lasciare il nido.
Fremiti d'ali
esitazione
poi, uno dopo l'altro
i pulcini prendono il volo.

In giardino
io e mio figlio
facciamo colazione
scriviamo insieme una poesia svogliata
l'ultimo saggio—la spinta
verso il diploma di scuola superiore.

MILLIONS OF CANDLES

    "Did you cry
    when your dad told you
    one day we'll all have to die?"

    "No, but I was sad for a while."

My son and his friend
chat in the back seat
on our way to a piano lesson.

    "Can you imagine, if we lived forever
    we'd have to have a birthday cake
    as big as the moon
    with millions of candles.
    It would be hard to blow them all out."

I drive and don't say a word.
The light of millions of candles
shines in my heart.

MILIONI DI CANDELE

> "Hai pianto
> quando tuo padre ti ha detto
> che un giorno tutti dovremo morire?"
>
> "No, ma sono stato triste per un po'."

Mio figlio e il suo amico
parlottano nel sedile di dietro
mentre andiamo a lezione di piano.

> "Immagina, se vivessimo per sempre
> la torta di compleanno sarebbe
> grande come la luna
> con milioni di candele.
> Sarebbe difficile spegnerle tutte."

Io guido e non dico una parola.
La luce di mille candele
mi brilla nel cuore.

YOU SANG, THE WINDOW WIDE OPEN
for my mother

You sang, the window wide open
on the city
while you did the wash.
You were beautiful
though already a bit worn out.
    Dicitencello vuje
    Core 'ngrato
    'na sera 'e maggio
Your voice flooded the dark alleys
but on the seventh floor there was light
and everything sparkled.

Who knows what you were thinking
what you were feeling
nostalgia hung
over the house.
It wasn't the way you had imagined
this life
in a strange land
away from your land.

What were you dreaming
between the kitchen sink and the stove
on the terrace among your geraniums
watching the sea
sparkle
beyond the pier
beyond the lighthouse
where the heart beats
and blood melts in the veins?

CANTAVI, LA FINESTRA SPALANCATA
per mia madre

Cantavi, la finestra spalancata
sulla città
mentre lavavi i panni.
Eri bella
anche se già un po' consumata.
    Dicitencello vuje
    Core 'ngrato
    'Na sera 'e maggio
La tua voce invadeva i vicoli bui
ma al settimo piano c'era luce
e tutto brillava.

Chissà a cosa pensavi
cosa sentivi
la nostalgia aleggiava
in casa.
Non era come avevi immaginato
la vita
in terra straniera
lontana dalla tua terra.

Cosa sognavi
tra il lavandino e i fornelli
sul terrazzo fra i tuoi gerani
a guardare il mare
brillare
oltre la diga
oltre la lanterna
laggiù, dove il cuore batte
e il sangue si scioglie nelle vene?

Nostalgia
for something you never had
that never was
trapped as you were
between the kitchen sink and the stove.

Two kids, a husband
little money
stubbornly doing things your way
no wish
to blend into the crowd.
Te vojo bene
te vojo bene assaje…
Your voice full and free
hovered over the strange city
in your warm southern accent.

Te vojo bene / te vojo bene assaje in Neapolitan dialect
meaning: I love you / I love you very much

Nostalgia
per qualcosa che non è mai stato
che non hai mai avuto
stretta come eri
tra il lavandino e i fornelli.

Due figli, un marito
pochi soldi
la testa fatta a modo tuo
e nessuna voglia
di confonderti nella folla.
Te vojo bene
te vojo bene assaje…
la tua voce piena e libera
aleggiava sulla città straniera
nel tuo caldo accento del sud.

Magic and Otherworldly

Magia e Cose dell'Altro Mondo

UNIO MYSTICA

Earlier she'd gone out into the garden
to pick vegetables, flowers and herbs
and on impulse she hugged
the birch tree
asking forgiveness
for that chain
she had tied one day
then forgotten
now stuck deep into its trunk.

In the kitchen
now she is reading
her back to the stove
while soup simmers
about *unio mystica*
and cosmic consciousness.

Like a ribbon of sunlight
the golden scent
of zucchini, onions and sage
spreads through the air
and connects her to the earth
the sun, the moon
the living universe.

UNIO MYSTICA

Poco prima era uscita in giardino
a raccogliere ortaggi ed erbette
e d'impulso aveva abbracciato
la betulla
chiedendo perdono
per la catena
legata un giorno
poi dimenticata
oramai conficcata nel tronco.

In cucina
la zuppa sul fuoco
ora legge
appoggiata ai fornelli
di *unio mystica*
e coscienza cosmica.

Come un nastro di sole
il sentore dorato
di zucchini e cipolle alla salvia
aleggia nell'aria
e la unisce alla terra
al sole, alla luna
all'universo vivente.

WONDER

Golden light
filters through
the maple tree's
lacy leaves

chirping of birds
rustle of swaying birch branches

The sofa's flowery fabric
caresses
my naked feet
with its cool rough texture

the woman in the picture
above the fireplace
wonders which figs
are the sweetest

Whiff of jasmine
Nothing much
except for the woodpecker
loudly at work over there

MERAVIGLIA

Tra le foglie merlettate
dell'acero
filtra
luce d'oro

cinguettio d'uccelli
fruscío di rami di betulla

Il tessuto a fiori del sofà
accarezza
le piante dei miei piedi nudi
con la trama ruvida e fresca

la donna nel quadro
sopra il caminetto
sceglie nelle cassette
i fichi più dolci

Sentore di gelsomino
Niente di speciale
eccetto il picchio chiassoso
al lavoro laggiù

IN THE MAGIC BOX
At the ContainerArt Exhibition
Genoa, Porto Antico 2007

You may wonder
why
in this container
this crumpled sheet of copper
one single slipper
all these footprints.
Nothing left but this
and the stories
and a sign:

> *Vandals*
> *they destroyed everything*
> *stole everything*
> *Shame on them...*

Copper, music
walk on copper, hear music
touch copper, sense the harmony.
Look, you can even see
your image reflected
in its warm gleam.

Where does this path lead?
People have entered
followed the music
and have never come back.
Dazzled, a child
at the exit
embraced the wrong parent.

NELLA SCATOLA MAGICA
Alla mostra ContainerArt
Genova, Porto Antico 2007

Vi chiederete cos'è
in questo container
questo rotolo aggrovigliato
di lamiera di rame
questa solitaria pantofola
queste impronte.
Non è rimasto che questo
e le storie
e un cartello:

> *Vandali*
> *hanno distrutto tutto*
> *rubato tutto*
> *Vergogna...*

Rame, musica
percorri il rame, senti musica
tocchi il rame, avverti armonia.
Guarda, ti puoi persino
specchiare
nel suo caldo splendore.

Dove ti porta questo sentiero?
C'è gente che è entrata
ha seguito la musica
e non è più ritornata.
Stordito, un bambino
all'uscita
ha abbracciato il genitore sbagliato.

Some people entered
and were spellbound.
Unbearable to leave
without taking away
all that beauty
the genius, the love
the boom box.
In exchange they left
the shapeless tangle of copper
its splendor tarnished
by the signature of their handprints.

Did they have their say?
Did they add anything?

In this magic box
those who enter
no matter the intention
can only add, not take away
transform, not vandalize
create, not destroy.

C'è gente che è entrata
è rimasta abbagliata.
Insopportabile andarsene
senza portar via
quell'armonia
l'ingegno, l'amore
la stereofonia.
In cambio ha lasciato
lo splendore appannato
dall'impronta delle sue mani
e il groviglio informe del rame.

Ha aggiunto qualcosa?
Ha detto la sua?

In questa scatola magica
chi entra
qualunque sia la sua intenzione
aggiunge, non toglie
trasforma, non vandalizza
crea, non distrugge.

GOOOOOL!

Soccer World Cup 2006
for my father

I learned from you
the rules and the right terms:
calcio di rigore, fuori gioco, corner, fallo.
You taught me that players hit the ball
only with feet and head—no hands—
into the other team's net, *la rete.*

I wear my Italian team blue shirt
and head to a Mexican restaurant nearby
to watch the World Cup finals
sure that the crowd will root for Italy.
But I find I'm the only fan of the "blue" team
and you, who are with me in spirit.
The rest are all for France.

The game starts.
The commentator uses words like
fuera de juego, pelota, penalti, falta
I ask the man sitting next to me:
"Why do you root for a team
that isn't even Latin?"
He gives me a complicated explanation:
"France has beaten Argentina
who has beaten Mexico
and erased our hope to be the champions.
Anyway, Italy doesn't stand a chance,"
he declares. I reply: "I wonder why you are so sure.
Just wait and we will see."

GOOOOOL!

Campionato del mondo di calcio 2006
per mio padre

Ho imparato da te
il regolamento e le espressioni giuste:
fuori gioco, corner, fallo, calcio di rigore.
Mi hai insegnato che i giocatori usano
solo i piedi e la testa—non le mani—
per far gol nella rete dell'altra squadra.

Indosso la maglia azzurra italiana.
Vedrò la finale del campionato
in un ristorante qui vicino messicano
sicura che tiferanno tutti per l'Italia.
Ma scopro che son solo io a tenere per gli azzurri
e tu, che sei con me in spirito.
Gli altri tifan tutti per la Francia.

La partita ha inizio.
Il telecronista usa parole come
fuera de juego, pelota, penalti, falta.
Chiedo all'uomo seduto sullo sgabello accanto:
"Perché fai il tifo per una squadra
che nemmeno è di origine latina?"
Mi dà una spiegazione complicata:
"Perché la Francia ha battuto l'Argentina
che ha battuto il Messico nei quarti di finale
e cancellato la nostra speranza di essere campioni.
Comunque l'Italia non ha nessuna chance",
dichiara. Rispondo: "Perché sei così sicuro?
aspetta e vedremo come va a finire".

120 minutes into the game and the result's still tied.
Penalty shootouts will decide
which team will take
the world campion title home.
The tension is too much to bear,
I wish I could just rest
I almost envy you who can.

But when Italy scores the winning point
we all jump up and cheer and hug
including the man sitting next to me.

Rete! Rede! Gol!
Gooool! You'd say if you were still here, *Gol!*
And we would cheer and hug.

Gol is a universal word
and we Italians pronounce it with an open O.

Dopo 120 minuti, il risultato è ancora pari.
Si va ai calci di rigore!
Chi segnerà per primo
porterà a casa il titolo mondiale.
La tensione è quasi insopportabile
son stanca, vorrei potermi riposare
quasi quasi invidio te che lo puoi fare.

Ma quando l'Italia segna il gol vincente
saltiamo tutti su, esultiamo e ci abbracciamo
anche l'uomo seduto qui accanto.

Rete! Rede! Gol!
Gooool! diresti, se tu fossi ancora qui, *Gol!*
E abbracciandoci faremmo festa.

Gol è una parola universale
e noi italiani la pronunciamo con la O aperta.

TWO SUNS

Electric blue and deep orange
mark
the line of the horizon.
The squiggly spheres
of two red setting suns
obliterate the stars.
It's hard to navigate
these black seas
agitated by an eerie wind
the only thing that seems alive
on this planet.

Take me back
to the world with two suns
and a purple sky.
I was born there
many times before
below a sky with no stars
and two suns
shining day and night.

My skin was pale blue then
my hair silver
my legs long and thin
like my arms.
A flowing gown
of white fabric
kept me warm
in those chilly winter days.

DUE SOLI

Blu elettrico e arancio scuro
indicano
la linea dell'orizzonte.
Le sfere sfocate
di due soli rossi al tramonto
cancellano le stelle.
È difficile navigare
su questi oceani neri
agitati da venti soprannaturali
unica cosa che appare viva
su questo pianeta.

Riportatemi al mondo
con due soli
e il cielo viola.
Sono nata là
già molte volte
sotto un cielo senza stelle
e due soli ardenti
giorno e notte.

La mia pelle era azzurra allora
i capelli d'argento
le gambe lunghe e sottili
come le mie braccia.
Una tunica sciolta
di stoffa bianca
mi teneva caldo
in quei rigidi giorni invernali.

If only I could find
my way back
to that world
where in the spring
the air fragrant
of lilacs and wisteria
kept me awake and dreamy.

Se solo riuscissi a trovare
la strada per tornare
in quel mondo
dove in primavera
l'aria fragrante
di lillà e glicine
mi teneva sveglia e sognante.

MORE THAN A THOUSAND YEARS AGO

Pity the eve of our encounter
never arrives.
Flowers on the trail
moon surrounded by rainbow
warm and scented night.
But no trace of us.
I've been waiting patiently
for more than a thousand years.

I even asked a friend who knows about these things
to draw a map of the world from which you will come.
A world with two suns and a moon.
My friend says it's not possible.
Too hot
too much gravity
not enough stability.
But I know it is from there
that you will arrive.

I too emerged
more than a thousand years ago
from waters shimmering
in the light of two suns
green and purple waters
the color of the horizon
against which
your silhouette
your smiling profile
your open arms
will appear
receiving me
in a tight embrace.

PIÙ DI MILLE ANNI FA

Peccato che la vigilia del nostro incontro
non arrivi mai.
Fiori sul sentiero
luna circondata da arcobaleno
notte tiepida e profumata.
Ma di noi nessuna traccia.
Aspetto paziente
da più di mille anni.

Ho persino chiesto a uno che se ne intende
di disegnare la mappa del mondo da cui arriverai.
Un mondo con due soli e una luna.
Il mio amico dice che non è possibile.
Troppo caldo
troppa gravità
non abbastanza stabilità.
Ma io so che è di là
che tu verrai.

Anch'io sono emersa
più di mille anni fa
da acque scintillanti
alla luce di due soli
acque verdi viola
come l'orizzonte
contro cui si staglierà
la tua sagoma
il tuo profilo sorridente
le tue braccia spalancate
che mi accoglieranno
in un abbraccio stretto.

TOWARD THE FIFTH DIMENSION

One day
we'll just talk
gibberish
with one another
and laugh a lot
no more drama but comedy
until sometime later
we'll understand each other
with a simple glance.
What seemed like betrayal
a lesson.
You the perpetrator
I the victim
then we switch!

One day
all those icky moments
we now record
on sticky notes
won't stick anymore
they'll be water
on a duck's back.
Tired of this game
we'll shake hands
and go our merry way
or
become friends.

VERSO LA QUINTA DIMENSIONE

Presto
ci diremo solo
parole senza senso
rideremo molto
non più drammi ma comiche
finché un bel giorno
ci capiremo
con un semplice sguardo.
Quel che sembrava un tradimento
in realtà una lezione.
Tu il colpevole
io la vittima
a turno!

Un giorno
tutti quei momenti appiccicosi
che ora registriamo accuratamente
su note adesive
non si appiccicheranno più
saranno come acqua
su piume d'anatra.
Stanchi di questo giochetto
ci daremo la mano
e andremo per la nostra strada
o
diventeremo amici.

Dreamy and In Love

Innamorata e Sognante

THE SEASON OF ROSES

Now the bushes are full
of white, yellow, orange, pink roses.
They sing a song of praise to the world.
No hard work on my part
I fertilized them with my presence
and let them grow in the shadow
of my thoughts.

I will pick a great bunch
and offer it to the first person
passing by my house.
I will put a rose petal
in every letter I write.
I will write one to every person I've known
whether I've been hated or loved.

The letter will say:
I am thinking of you.
Thank you for being in my life
whether for a short time or forever
whether in this lifetime or the past
and for feeding me
with your thoughts and your presence.

I am like the rose plant
and you, my food.
In return I offer
my fragrance.
My petals will color your bath water
and line the path where you walk.

LA STAGIONE DELLE ROSE

Ora i cespugli son carichi
di rose rosse, gialle, bianche e rosa.
Cantano al mondo un canto di lode.
Non molto lavoro da parte mia.
Son cresciute all'ombra
dei miei pensieri
fertilizzate dalla mia presenza.

Ne coglierò un gran mazzo
l'offrirò alla prima persona
che passa per via.
Metterò un petalo
in ogni lettera.
Scriverò una lettera a ogni persona
che mi abbia amata o odiata.

La lettera dirà:
sto pensando a te.
Grazie di essere nella mia vita
da poco o da sempre
in questa vita o in quella passata
e di avermi nutrito
coi tuoi pensieri e la tua presenza.

Sono come la pianta di rose
e tu sei il mio cibo.
In cambio ti offro
la mia fragranza.
Spargerò petali sul tuo cammino
con loro profumerò l'acqua del bagno.

I will make myself into sweet jelly
and seduce your taste buds
with my velvety texture.
I will infuse your wine
your sugar
even your vinegar
will be sweeter.

Hold me close to your lips
feel the softness, inhale the scent.
It will make you giddy
and carry you far away
to your native land.
Never mind the thorns.
Handle me gently
you won't even notice
my lover
my friend.

Sedurrò le tue papille
trasformandomi in gelatina.
Aromatizzerò il tuo vino
lo zucchero
persino l'aceto
sarà più dolce.

Sfiorami con le labbra
senti la morbidezza
inala il profumo.
Ti farà girar la testa
trasportandoti lontano
alla tua terra natìa.
Non preoccuparti delle spine.
Sfiorami appena
non te ne accorgerai
amore mio
amico mio.

FOR YOUR RIGHT ANKLE

I was born into this world
to love your right ankle
to love the foot
that steps on the gas pedal
of the car that takes you away from me.
I was born into this world
to hold in my arms
your unhealthy, vital
love.

From your mouth
mice and roaches
come out
to the tune of one thousand a minute
yet, on your lips
I seek the juice of life.
From your mouth
roaches and worms
and flowers and butterflies.
Through your eyes I see
the sea, meadows of buttercups
little lambs, bunny rabbits
that are not there.

./.

PER LA TUA CAVIGLIA DESTRA

Sono venuta al mondo
per amare la tua caviglia destra
per amare il piede
che schiaccia l'acceleratore
dell'auto che ti porta via da me.
Sono venuta al mondo
per tenere fra le mie braccia
il tuo amore malsano
e vitale.

Dalla tua bocca
escono
topi e scarafaggi
al ritmo di mille al minuto
eppure cerco sulle tue labbra
il succo della vita.
Dalla tua bocca
scarafaggi e vermi
e fiori e farfalle.
Attraverso i tuoi occhi vedo
il mare, i prati gialli di ranuncoli,
leprotti, agnellini
che non ci sono.

./.

You blow smoke in my face
and every night
you are surprised
that my stubborn desire
awakens yours.
I wake you all up, you say
you, who were already dead.
Like lymph
in roots and leaves
this life flows by itself.
It leaves you no way out
this passion
and you return it to me
who aroused it
with a simple kiss
a few words of love.

Mi butti il fumo in faccia
e ogni sera
ti stupisci
che il mio desiderio testardo
risvegli il tuo.
Ti sveglio tutto, dici
tu che eri già morto.
Viene su da sola questa vita
come linfa nelle radici
nelle venature delle foglie.
Ti prende allo stomaco
questa passione senza scampo
e la restituisci a me
che l'ho destata
con un semplice bacio
con qualche parola d'amore.

ORGASM

It's like singing
no commas nor periods
nothing romantic
only heat waves
and dry throat
hand caresses skin
indifferent, taught, globular
it's like
bartering, bargaining, haggling
velvety and dripping
spongy
deafening
now
it's like walking
on eggshells
or thrusting
the window
open
on the void

ORGASMO

È come cantare
senza punti di sospensione
niente di romantico
solo un'ondata di calore
e la gola secca
la mano sfiora la pelle
indifferente, tesa, globulare
è come
barattare, negoziare, contrattare
vellutato e grondante
spugnoso
assordante
adesso
è come comminare
sulle spine
o spalancare
la finestra
sul vuoto

THE SERPENT

The serpent climbing up the spine
doesn't leave you
the way it finds you
The crawling
the buzz
the hunger
the longing
for a time
when the image
of a clean profile
with tiny lips
clear eyes
a slim hairless body
could inhabit you
like a luminous living coil

IL SERPENTE

Striscia
su per la spina dorsale
e non ti lascia
come ti trova
Il brivido
la fame
il rimpianto
per un tempo
in cui l'immagine
di un profilo pulito
con minuscole labbra
occhi chiari
un corpo snello e glabro
poteva abitarti dentro
come una luminosa spira vivente

LACK OF HABIT

I need many hands
many fingers
guiding
binding
watching me.
Too hot
the knot at the center of the cosmos
tighter and tighter
it pushes
grows
rises.
I need many fingertips
applied to sensitive points.
Subtle pain
reaches the brain
like sour honey.
I need many fingers
to open the wound
to open it, understand?
Not to close it
squeezing
like a swollen heart.
I look into the depth
of your right eye
the tide comes in
it goes out
it turns.

./.

MANCANZA DI ABITUDINE

Ho bisogno di molte mani
molte dita
che mi guardino
guidino
leghino.
Troppo caldo
il nodo al centro del cosmo
sempre più stretto
spinge
si offre
cresce.
Ho bisogno di molte dita
applicate a punti sensibili.
Dolore sottile
sale al cervello
miele acido.
Ho bisogno di molte dita
per aprire la ferita
aprirla, capisci?
Non chiuderla
stringendo
come un cuore gonfio.
Guardo in fondo
al tuo occhio destro
e la marea si alza
si abbassa
si perde.

./.

It could explode
into an orgasm of words
or melt
into a salty lukewarm puddle.
You are not used, you say
to run a red light
cut the Gordian knot
play with no legs nor bones.
With closed eyes
blindly
you search for the light switch
while sleep relaxes
your last conscious brainwaves.
You are home
I am home
where once there was a knot
where once there was a no.

Potrebbe esplodere
in un orgasmo di parole
o allentarsi
in una pozza salata e tiepida.
Non sei abituato, dici
a passare col semaforo rosso
a sciogliere il nodo gordiano
e giocare senza più gambe né ossa.
A occhi chiusi
a tentoni
spegni la luce
mentre il sonno distende
le ultime onde cerebrali vigili.
Sei a casa
sono a casa
dove prima c'era un nodo
dove prima c'era un no.

A COLLAR AND A CHAIN

A collar and a chain
and I take you for a walk
like my favorite pet.
You follow me
you know who is in charge.
Every now and then
you try to disobey
you stop
when I want to go
you turn right
when I want to go left.
I pull on the chain
and you understand right away.
At times you dig your heels
I play the game and change my tune.
A glance is enough
almost never I have to use
the whip attached to my belt
mostly as decoration.
At times if I really have to
it's you who show me
where to apply the punishment
and how.
Afterwards
you love
to kiss me on the neck
to play with the buttons of my shirt.
You would do that for hours.
You know how to make me forgive you
you know how to make me love you
you know you'll always be able to count on me.

UN COLLARE E UNA CATENA

Un collare e una catena
e ti porto a spasso
come il mio pet preferito.
Tu mi vieni dietro
sai chi comanda.
Ci provi ogni tanto
a fare i capricci
ti fermi
quando io voglio andare avanti
giri a destra
quando io voglio andare a sinistra.
Io tiro la catena
e tu capisci al volo.
A volte ti impunti
io sto al gioco e cambio tono.
Basta uno sguardo
quasi mai devo usare
il frustino che porto alla cintura
più che altro per decorazione.
E, a volte, se proprio devo
sei tu stesso a indicarmi
dove applicare la punizione
e come.
Dopo
ti piace, lo so
baciarmi sul collo
giocare con i bottoni della mia camicetta.
Lo faresti per ore.
Sai come farti perdonare
sai come farti amare
sai che potrai sempre contare su di me.

MEN WHO RECITE LONG POEMS BY HEART

Oh, how I like
I like
men
who recite long poems
by heart
poems as long as the shadows
of this October afternoon
on the green meadows
running along the railway tracks
between Rome and Genoa
Poems as ancient as this red Etruscan earth
epic poems like this stormy Tyrrenian Sea.

Where does this train go?
Ansedonia, the next stop
faraway, the final destination.

I could stop here
get lost in the crowd
even after all these years
my accent hasn't changed.
I could stay forever.
There are men here
who, unlike you
know poems by heart
poems as long and sad
as this journey
that takes me away from you.

GLI UOMINI CHE RECITANO LUNGHE POESIE A MEMORIA

Oh mi piacciono
quanto mi piacciono
gli uomini
che recitano lunghe poesie
a memoria
poemi lunghi come le ombre
di questo pomeriggio di ottobre
sui prati verdi che corrono
lungo i binari
della ferrovia fra Roma e Genova.
Poesie antiche come la rossa terra etrusca
epiche come questo tempestoso mar Tirreno.

Dove corre questo treno?
Ansedonia, la prossima fermata
lontano, la destinazione finale.

Potrei fermarmi qui
confondermi tra la folla
anche dopo tutti questi anni
il mio accento non è cambiato.
Potrei rimanere per sempre.
Ci sono uomini qui
che, al contrario di te
conoscono poesie a memoria
poemi lunghi e tristi
come questo viaggio
che mi porta lontano da te.

SILVERY LAUGHTER

Lips of silver and heart of gold
I offer you
yet
I would love
to break your teeth
with the wrench
I carry in my purse.
Don't think I hate you
it's just that you break the silence
and don't say anything.

Silvery laughter
on tense lips
jingles
it is
but a prelude
a hiss
a flash igniting fires
a gold-streaked
kiss of blood.

Famished Madonna
you give yourself
with no restraint.
Don't ever say
you need love
you won't be understood
don't say you love
it's assumed.

UNA RISATA ARGENTINA

Labbra d'argento e cuore d'oro
ti offro
eppure
mi piacerebbe
spaccarti i denti
con la chiave inglese
che tengo nella borsetta.
Non pensare che ti odi
è che rompi il silenzio
e non dici niente.

Una risata argentina
su labbra tese
tintinna
non è
che preludio
sibilo
lampo che accende fuochi
bacio di sangue
variegato oro.

Madonna affamata
ti dai senza ritegno.
Non dire mai
che hai bisogno
non sarai capita
non dire che ami
è sottinteso.

POETRY SEMINAR

I wouldn't know anything about Rexroth
nor of his famous poem
"Thou Shalt not Kill"
I'd take you by the hand
and lead you out of the classroom.

I wouldn't even pretend
I'd put my notebook away
and drag you out of the classroom
if you caressed my arm
and breathed on my neck
looking at me sideways
like those two are doing.

I wonder why they came at all.
He holds her chubby hand
his long curly strawberry pink hair
mixing with the brown straight hair of hers.

Look at them
it's obvious they can't wait
for the class to be over
to run outside
and start necking.

I had taken refuge in the seminar
Rexroth, Jazz Poetry and San Francisco
thinking that I would be safe
no relation, no connection
with me, with you, with our story.

SEMINARIO DI POESIA

Non saprei niente di Rexroth
né del suo famoso poema
"Thou Shalt not Kill"
ti prenderei per mano
e ti condurrei fuori dall'aula.

Non farei neanche finta
metterei via il quaderno
e ti trascinerei fuori dall'aula
se tu mi accarezzassi il braccio
e mi respirassi sul collo
guardandomi di striscio
come stanno facendo quei due.

Mi chiedo perché mai siano venuti.
Lui le tiene la mano paffuta
i suoi lunghi capelli ondulati biondo-rosa
mescolati con quelli castani dritti di lei.

Guardali
è ovvio che non vedono l'ora
che la lezione finisca
per correre fuori
e mettersi le mani addosso.

Mi ero rifugiata nel seminario
Rexroth, Jazz Poetry and San Francisco
pensando che sarei stata al sicuro
nessuna relazione, nessuna connessione
con me, con te, con la nostra storia.

But no, now I know that this terrible poem
written in Dylan Thomas' memory
influenced Kerouac, Ginsberg
and the San Francisco Beat Generation.
So what?

I had taken refuge in this seminar
to feel safe
to delude myself I'd stop craving
your hands on me.

Ma no, ora so che questo terribile poema
scritto in memoria di Dylan Thomas
ha influenzato Kerouac, Ginsberg
e la Beat Generation di San Francisco.
E allora?

Mi ero rifugiata in questo seminario
per sentirmi al sicuro
per illudermi che avrei smesso di desiderare
le tue mani su di me.

Rhymes Cycles Insights

Rime Cicli Intuizioni

THE SPLENDOR OF LUCIDITY THIS TIME WON'T HELP
(Drought in California)

Be lucid. Question everything and everyone.
Experiment. Ponder. Meanwhile, unexpected, today the rain
falls on dry gardens, empty creek beds, parched souls.
But the splendor of lucidity this time the arid land won't help.
Open your rusty umbrella! Wear your faded rain coat!
In the hope rain won't dry out after the first few drops.

Now the wind blows among the trees and drops
pine needles and cones on everyone
and everything, leaving behind a coat
like a brown carpet. Many wonder if this rain
to raise the level in the reservoir will be of help
and to lower the water bills. Surely many thankful souls

will continue to experiment, pray and lift their soles
in sacred frantic dances until they'll drop
to the ground and with their bare hands they'll help
the softened dirt to sprout nourishment for everyone.
The experiment will hopefully produce more rain
(and like hotcakes will sell umbrellas and rain coats.)

The California sun, however, always wins and coats
once again the thirsty, hungry, the land, the million souls
with dust and in the mercilessly blue sky no sign of rain
for months and months, not a single drop.
What shall we do then? I ask everything and everyone
what god, what charm, if not a dance, will help?

LA SPLENDIDA LUCIDITA' QUI NON AIUTA
(Siccità in California)

Sii lucido. Pondera. Questiona tutto e tutti.
Intanto oggi, inaspettata, cade la pioggia
su giardini riarsi, rii secchi, assetate anime.
Ma la splendida lucidità qui non aiuta.
Apri l'ombrello impolverato, mettiti il mantello
che la pioggia non smetta dopo le prime gocce!

Adesso tira vento e dai pini gocce
aghi e pigne piovono su tutto e tutti
coprendo la terra arsa di un mantello.
Sarà che questa scarsa pioggia
ad alzare il livello del bacino aiuti
e la bolletta ad abbassare? Anime

pie pregano e con tutta l'anima
frenetiche, danzano. Grosse gocce
di sudore a bagnare il suolo aiutano.
Nutrimento germoglia per tutto e tutti.
La sacra danza invita altra pioggia
(e si stravendono ombrelli e mantelli).

Ma trionfa presto il sole e un mantello
di siccità copre le disidratate anime.
Dallo spietato cielo niente pioggia
per mesi e mesi non una sola goccia.
Cosa faremo? Chiedo qui a voi tutti
se non la danza, qual dio, quale magia aiuta?

Gods and goddesses, protectors of humidity, will you please help?
and spread over the meadows and the hills a lush green coat
and let the song of water in the creeks by everyone
be heard again. The song will sooth the thirsty souls
who one by one in procession will surely drop
by your altars a note with many thanks for the saving rain.

I ponder now how in this time and age we all depend on rain.
Why shouldn't technology be of any help?
Why should we wait for the precious needed water to drop
from a cloudless sky when our planet sports a coat
of immense liquid oceans - the envy of many alien souls?
From faucets the treated water could freely flow. I bet that everyone
would drop the wool coat from their hoodwinked eyes —and question
everyone and everything. Experiment and ponder are sure to help. Rain
and water are our sacred birthright. They belong to every human soul.

Dei, patroni dell'umidità, vi chiedo aiuto
coprite prati e monti d'un verde mantello
che la liquida canzone dei ruscelli tutti
possano ascoltare. Dissetate, anime
grate in processione per ogni goccia
renderanno grazie della beata pioggia.

Perché oggigiorno dipender dalla pioggia?
Perché non esigere dalla tecnologia aiuto?
Aspettare la preziosa acqua goccia a goccia
da un cielo senza nuvole? La terra un mantello
d'immensi oceani ricopre, invidia di molte anime
aliene. L'acqua trattata in abbondanza c'è per tutti.
Lucidi, che tutti tutto in questione mettano, cada il mantello
d'ignoranza. Non più s'implori aiuto per acqua a pioggia.
Ogni goccia è diritto della terra e di tutte le sue anime.

POROUS BEING

Life was smooth before I was struck by lightning.
We are bags of water and the doctor's a plumber
telling you if you'll live or die
but it's all made up, die does not happen.

We are bags of water and the doctor's a plumber
we are not chemical, we are electrical creations
but it's all made up, die does not happen.
You think you know it all, wait till you're dead.

We are not chemical, we are electrical creations.
Look, most of us are not even here, we never left heaven
you think you know it all, wait till you're dead.
Earth is but a chakra in the body of the solar system

and most of us are not even here anyway, we never left heaven.
We are bags of water and the doctor's a plumber
Earth is but a chakra in the body of the solar system.
Life was smooth before I was struck by lightning.

ESSERE POROSO

La vita era facile prima che mi colpisse il fulmine.
Siamo sacche d'acqua e il dottore è l'idraulico
che ti dice se vivrai o morrai
ma è tutta una finta, morire non esiste.

Siamo sacche d'acqua e il dottore è l'idraulico
non siamo chimici, siamo esseri elettrici
comunque è tutta una finta, morire non esiste.
Pensi di saper tutto ora, vedrai quando sei morto.

Non siamo chimici, siamo esseri elettrici.
Guarda, i più neanche son qui, mai lasciammo il paradiso
pensi di saper tutto ora, vedrai quando sei morto.
La Terra non è che un chakra del sistema solare

e i più neanche son qui, mai lasciammo il paradiso.
Siamo sacche d'acqua e il dottore è l'idraulico
la Terra non è che un chakra del sistema solare.
La vita era facile prima che mi colpisse il fulmine.

LOOKING FOR 360 POPE STREET

I thought I knew.
I know how to get
to the poetry group
on Pope Street.
Just take 101 to Marsh.
Little did I know
the way to poetry
bristles with question marks
it's hidden in secrecy
through loops of fragile uncertainty.

I search through black and white patches
of briny sunset light.
It's getting way too late
my sonnet withers in my hands.
360 Pope Street eludes me
like the art of poetry.

What is it with Pope and poetry?
It happened before
I was here before
desperately searching.
The number then was 475
the occasion, a poetry workshop.

Nobody
none of the neighbors knows
that Pope Street crawls with poets
whose houses hide in corners
unreachable by human eye
visible only to the like-minded.

ALLA RICERCA DI 360 POPE STREET

Pensavo di saperlo.
Pensavo di sapere come si arriva
al gruppo di poesia
di Pope Street.
Prendi la 101, uscita Marsh.
Non sapevo che
la via che conduce alla poesia
è irta di punti interrogativi
celata dal segreto
tra andirivieni di fragile incertezza.

Cerco tra chiazze bianche e nere
di salmastra luce crepuscolare.
Si sta facendo tardi
il mio sonetto mi appassisce tra le mani.
360 Pope Street mi elude
proprio come l'arte della poesia.

Che problema c'è fra Pope e la poesia?
Tutto questo è già successo.
Invano già setacciai Pope Street
cercando disperatamente.
Il numero era il 475
l'occasione, un seminario di poesia.

Nessuno
nessuno dei vicini sa
che Pope Street formicola di poeti
le cui case si nascondono in angoli
irraggiungibili dall'occhio umano
visibili solo a bardi e trovatori.

Surely this street's eponymous
would not bother translating
this less than heroic Odyssey of mine.
Yet, I implore him: what should I do?
I think I hear him say:
Fools rush in
where angels fear to tread.

The truth is that Pope
is fooling me.
There won't be any immersion
in the reviving waters of poetry
for me tonight.

I'm lost at sea, yet
Hope springs eternal
inside the human breast.

Sicuramente, l'eponimo di questa strada
non si abbasserebbe a tradurre
questa mia poco eroica Odissea.
Tuttavia, lo imploro: che devo fare?
Mi sembra di sentirgli dire:
*Gli sciocchi si precipitano
dove gli angeli temono di entrare.*

La verità è che Pope
mi prende in giro.
Non ci sarà alcuna immersione
nelle vivificanti acque della poesia
per me stasera.

Sono perduta in mare, tuttavia
*La speranza sgorga eterna
dentro il cuore umano.*

THE TREES AND THE SEA

Across the sky
with no beginning and no end
a red curtain

like flames wrapped around an endless line that devour dreams and memory

Underneath
a sea inside the sea

From the window on the top floor of the old house on the pier
I could see ship masts
a forest of swishing trees in the wind

Silently a life was sprouting in me
connecting me like a deep root to that invisible sea
branches shooting out of my arms, hands, head
I could touch the sky then
though I didn't see
the sea

I imagined to fly
I did fly
out of the nest where I was perched on the eighth floor
from which I could see the trees
not the sea

I flew over oceans
across continents
landed on the shore of another sea
the waves tall, cold
the forest of ancient trees
shrouded in mist

GLI ALBERI E IL MARE

In cielo
senza inizio né fine
una tenda rossa

come fiamme che avvolgono una fune senza fine e divorano i sogni e la memoria

Sotto
il mare dentro il mare

Dalla finestra all'ultimo piano della casa sul molo
vedevo ondeggianti alberi nel vento e nel sole
una foresta di alberi di navi

Silenziosa, una vita cresceva in me
mi univa come una profonda radice a quel mare invisibile
nascevano germogli dalle braccia, mani, testa
Potevo toccare il cielo allora
anche se non vedevo
il mare

Immaginai di volare
volai
fuori dal nido all'ottavo piano sul porto
da cui vedevo alberi di navi
non il mare

Sorvolai oceani
continenti
atterrai sulla riva di un altro mare
le onde alte, fredde
gli alberi secolari
avvolti nella nebbia

New roots connected me to the sea
new branches sprouted, a new tree grew
birds perched in and around me
making nests, flying in and out

Now
from the window I see
the tree
leafless
nestless
where did the birds go?

Bit by bit
piece by piece
cut down
Bare branches
the massive trunk
so big, so strong
dead

Last night I dreamt

across the sky
with no beginning and no end
a red curtain
like flames wrapped around an endless line that devour dreams and memory

Underneath
a sea inside the sea

Nuove radici mi unirono a questo mare
nuovi rami spuntarono, un nuovo albero crebbe
uccelli fecero il nido in me, intorno a me
dentro e fuori

Ora
dalla finestra vedo
l'albero
senza foglie
senza nidi
dove sono andati gli uccelli?

Poco a poco
pezzo a pezzo
abbattuto
Rami nudi
il tronco massiccio
una volta così grande, così forte
morto

Ieri sera ho sognato

in cielo
senza inizio né fine
una tenda rossa
come fiamme che avvolgono una fune senza fine e divorano i sogni e la memoria

Sotto
il mare dentro il mare

UP CLOSE

Up close
purple petals
minute leaves
in aqua blue
little vase.

Up close
bells ringing
distant barking
pit pat of rain drops
the thud of the door
slamming shut.

Up close
crumbs on the table
four flies
the curtain
blowing in the wind
heavy with rain.

Closer still
the tablecloth fabric unravels
I can see
through the weave.

Up close
I can see
hear
notice.
Distances are shorter
shapes disappear
everything moves
and becomes.

DA VICINO

Da vicino
petali viola
minute foglie
nel vasetto
verde acquamarina.

Da vicino
rintocchi di campane
un lontano abbaiare
il ticchettìo della pioggia
il tonfo della porta di casa
che sbattendo si chiude.

Da vicino
briciole sul tavolo
quattro mosche
lo svolazzare della tenda
mossa dal vento
carico di pioggia.

Da vicino vicino
il tessuto della tovaglia si sgrana
vedo
attraverso la trama.

Da vicino
si vede
si ode
si nota.
La distanza si accorcia
le forme svaniscono
tutto si muove
e diviene.

Up close
silence beyond bells ringing
street dry beneath the rain.
Space
like a soft cradle
embraces
the flower, the vase
the rain and me.

Da vicino
silenzio oltre i rintocchi delle campane
strada asciutta sotto la pioggia.
Lo spazio
culla morbida
accoglie
il fiore, il vaso
la pioggia e me.

ORDINARY PEOPLE

They enter the market place
with open hands
ordinary people
going about their business.
Nothing outside them
can push, pull, hit, hurt.
Their passion
penetrates the apathy of the world.

My friend
we must shout
shout from the heart
those who are allowed to see
carry the burden.
We must honor
all lesser engagements.
Remember
reality has no interest
in our feelings.

You hear the birds?
You see the sun?
Build soaring bridges
where others dig moats.

GENTE COMUNE

Vanno al mercato
a mani vuote
gente comune
che bada agli affari propri.
Niente là fuori
li tocca, urta, tira, spinge.
La loro passione
penetra la riluttanza del mondo.

Amico mio
dobbiamo gridare
gridare dal profondo del cuore
quelli cui è concesso vedere
portano il peso.
Dobbiamo onorare
tutti gli impegni minori.
Ricorda
alla realtà non interessano
i nostri sentimenti.

Senti gli uccelli cantare?
Vedi il sole?
Costruisci ponti altissimi
dove altri scavano fossi.

RESONANCE

Rocks
cast in water
waves
on both sides of a moving boat
produce turbulence.

Waves and shapes
all levels and dimensions
communicate
through resonance.

Red resonates with C
and repeats itself
from zero to infinity.
The shape of monkeys
for instance
imitate it
move like them.
With time
you'll acquire their qualities.

Negative green
emanates from the temple
it's a doorway to other dimensions
the same vibration as the god's
to whom it was dedicated.

Angels appear
in the ultraviolet rays of dawn.
With gold in my hand
I can see the halo
around the head of saints.

RISONANZE

Sassi
scagliati nell'acqua
onde
ai fianchi di una barca
turbolenze, forme in movimento.

Onde e forme
tutti i livelli e dimensioni
risuonano
comunicano.

Il rosso risuona con Do
e si ripete da zero all'infinito.
La forma delle scimmie
per esempio
imitala
muoviti come loro.
Col tempo
ne acquisterai le qualità.

Il verde negativo
emana dal tempio
è porta per altre dimensioni
è la stessa vibrazione del dio
a cui è dedicato.

Nei raggi ultravioletti dell'alba
appaiono angeli.
Appare
tenendo oro in mano
l'aureola intorno alla testa dei santi.

At the center of the vortex
subtle energy
transforms any shape
into its own center
and
radiates into the world.

Al centro del vortice
l'energia sottile
traduce qualsiasi forma
nel proprio centro
e
s'irradia nel mondo.

STUDYING KEN WILBER: TIMEWAVE ZERO

I-I the box in which the universe lives
I-I sunrise and sunset of all worlds.
No witnesses
only this.
The world rises as before
but there is nobody here
to watch.

It never started
this nightmare
called evolution
this flight away
from the pain of separation
thus it will never stop.

Every universe running
toward the end of its history
echoes the battle cry:
Don't forget the cruelties!
in memory
of all the tortures inflicted
searching
for *summum bonum*
the barely glimpsed
eternal dream.

./.

STUDIANDO KEN WILBER: TIMEWAVE ZERO

Io-Io, la scatola in cui vive l'universo
Io-Io, l'alba e il tramonto di tutti i mondi.
Non ci sono testimoni
solo questo.
Il mondo sorge come prima
ma non c'è nessuno qui
a guardare là fuori.

Non è mai cominciato
quest'incubo
chiamato evoluzione
questo volo via
dalla sofferenza della separazione
e perciò non finirà mai.

Ogni universo in corsa
verso la fine della propria storia
riecheggia il grido di battaglia:
Non dimenticate le crudeltà!
a memoria
delle torture inflitte
alla ricerca
del *summum bonum*
il sogno eterno
appena intravisto.

./.

Separation evaporates
in the primordial abyss
decreeing the death of all appearances.
At the restaurant at the end of the universe
the real last supper will be served.

Midnight.
The weight
of a ten inch thick book
on my chest.
So sleepy.

La disunità evapora
nell'abisso primordiale
decretando la scomparsa delle apparenze.
Al ristorante alla fine dell'universo
la vera ultima cena sarà servita.

Mezzanotte.
Il peso di un libro spesso
dodici centimetri
sul petto.
Che sonno.

Notes

BLUE – I wrote this poem borrowing/paraphrasing some of the poetical language that James Hillman (American psychologist) uses in his book *A Blue Fire*, 1989, pages 152-162. In this book he explains his approach to acedia or melancholy. He believes that, as long as we are caught in cycles of hope and despair, we remain entangled in the black stickiness of this state of mind and try to escape, unsuccessfully, into the whiteness of hope for tomorrow. He claims that it is blue that protects white from innocence.

SHEER BEAUTY – I wrote this poem to celebrate the beauty of a group of exceptional women who came from all over the world to participate in a leadership seminar offered by the Global Women Leadership Network in Santa Clara, California in 2014.

SEA'S THE MOMENT – The setting is on the North Carolina coast. This poem is dedicated to my dear friend Daniela who passed away in 2015.

MAGDALENE DOESN'T CRY – The setting is Mombaruzzo, my father's native village in Monferrato, Piemonte, Italy. The poem was written after dreaming about my grandmother. The day before I had visited the church dedicated to Mary Magdalene on a hill near the house. By looking at her statue, I realized that "she doesn't cry/like a repentant sinner," contrary to what the parson, Don Pietro, says and is commonly believed. I found confirmation of this in the inscription underneath her altar: *Dilexit Multum* (She loved much).

FOREIGNERS – *Bjeshkët e Namuna* is Albanian for the Accursed Mountains.

STROLL IN THE ANCIENT CITY – The setting is Genoa, the city where I grew up. My son, who was in the stroller at the time, used to notice things at his eye level including "scratched doors" and he would draw my attention to them. The paper I refer to in the poem is the newspaper in which the five bunches of basil are wrapped.

SWEET IRENE – This poem was written when my daughter was about to leave for college.

Note

BLU – Ho scritto questa poesia prendendo a prestito e parafrasando parte del linguaggio poetico che James Hillman (psicologo americano) usa nel suo libro *A Blue Fire*, 1989, pag. 152-162. In questo libro Hillman spiega il suo approccio all'*acedia* o malinconia. Finché siamo intrappolati in cicli di speranza e disperazione, rimaniamo imprigionati nella nera vischiosità di questo stato mentale e cerchiamo di fuggire, senza successo, nel bianco della speranza di un domani migliore. Hillman afferma che è il blu che protegge il bianco dall'innocenza.

SOLO CON LA BELLEZZA – Ho scritto questa poesia per onorare la bellezza di un gruppo di donne eccezionali provenienti da tutto il mondo che hanno partecipato a un seminario di leadership organizzato dalla Global Women Leadership Network a Santa Clara, California nel 2014.

AFFERRA IL MOMENTO – Poesia ambientata sulla costa della Carolina del Nord e dedicata alla mia cara amica Daniela scomparsa nel 2015.

MADDALENA NON PIANGE – Siamo a Mombaruzzo, paese natale di mio padre nel Monferrato, in Piemonte, Italia. Ho scritto questa poesia dopo aver sognato mia nonna. Il giorno prima avevo visitato la chiesa dedicata a Maria Maddalena sulla collina vicino alla casa. Guardando la sua statua mi sono resa conto che "non piange/come una peccatrice contrita" come il parroco, Don Pietro, affermava e come si crede comunemente. Ho trovato conferma di questo nella scritta sotto il suo altare: *Dilexit Multum* (Amò molto).

STANIERI – *Bjeshkët e Namuna* è albanese per Montagne Maledette.

PASSEGGIATA NEL CENTRO STORICO – Qui siamo a Genova, la città in cui sono cresciuta. Mio figlio, che era nel passeggino all'epoca, notava le cose all'altezza dei suoi occhi, comprese le "porte graffiate" e me le indicava. Nel giornale di cui parlo sono avvolti i cinque mazzi di basilico.

DOLCE IRENE – Poesia scritta quando mia figlia stava per partire per il college.

IN THE MAGIC BOX – At the *Container Art Exhibition* in Genoa (a traveling exhibition where art installations in containers are displayed in ports around Europe) a group of Genoese poets were asked to write poems about each installation. I was inspired by one which, during the night, had been vandalized and robbed. Even if the original installation had been destroyed, in my view, it still retained an artistic form. Nonetheless, the artist was inconsolable. I wrote this poem to cheer her up.

TWO SUNS – The poem was inspired by my dream to live on a planet surrounded by multiple suns or moons. Perhaps a memory of a past life.

POETRY SEMINAR – I attended a seminar on Rexroth and the Beat Generation in the hope to forget my heartache. The seminar was interesting and instructive, but it didn't help.

THE SPLENDOR OF LUCIDITY – This sestina was written on an unusually rainy day in May in California. Originally written in English, my poet friend Carlo Gazzelli challenged me to translate it into Italian. In a moment of inspiration I did, using the same identical words as in English. He then helped me to structure it correctly with *hendecasyllables* (a line of verse containing eleven syllables) as it should be. For this, I am very grateful to Carlo. The English version is not structured in *hendecasyllables*.

BEING POROUS – I wrote this poem after listening to a fascinating lecture by a person who had been struck by lightning (twice). In it, he made a series of claims in no uncertain terms, such as "We are bags of water and the doctor's a plumber" and "We never left heaven."

LOOKING FOR 360 POPE STREET – What would you do if the street where the poetry group's meetings take place (named after a poet, a street which, coincidentally "crawls with poets") eluded you not once but twice? My solution: write a poem about my Odyssey. Of course, Alexander Pope— were he still alive—wouldn't dream of translating it (as he did Homer's epic) ... so I translated it myself.

NELLA SCATOLA MAGICA – In occasione della *Container Art Exhibition* di Genova (una mostra itinerante in cui allestimenti artistici in container vengono esibiti nei porti di tutta Europa) era stato chiesto a un gruppo di poeti genovesi di scrivere poesie sulle installazioni all'interno di ogni container. Mi ha ispirato in particolare un container che era stato vandalizzato e derubato. Nonostante il vandalismo, secondo me, l'installazione aveva mantenuto una certa forma artistica. Tuttavia l'artista era inconsolabile. Ho cercato di tirarla su di morale con questa poesia.

DUE SOLI – Poesia ispirata dal mio sogno di vivere su un pianeta circondato da più soli o lune. Forse un ricordo di una vita passata.

SEMINARIO DI POESIA – Ho partecipato a un seminario su Rexroth e la Beat Generation nella speranza di dimenticare il mio mal di cuore. Il seminario è stato interessante e istruttivo ma non è servito a quel proposito.

LO SPLENDORE DELLA LUCIDITÀ – Questa sestina è stata scritta in un giorno insolitamente piovoso di maggio in California. È stata scritta originariamente in inglese. Il mio amico poeta Carlo Gazzelli mi sfidò a tradurla in italiano. In un momento di ispirazione l'ho fatto, usando le stesse identiche parole dell'inglese. Poi lui mi ha aiutato a strutturarla correttamente con endecasillabi come dovrebbe essere. Per questo sono molto grata a Carlo. La versione inglese non è strutturata in endecasillabi.

ESSERE POROSO – Ho scritto questa poesia dopo aver ascoltato in una conferenza l'intervento di una persona colpita dal fulmine (due volte). Durante il suo discorso fece una serie di dichiarazioni senza mezzi termini come "Siamo sacche d'acqua e il dottore è un idraulico" e "Non abbiamo mai lasciato il paradiso".

ALLA RICERCA DI 360 POPE STREET – Cosa faresti se la strada dove gli incontri del gruppo di poesia hanno luogo, intitolata a un poeta e che, per coincidenza, "brulica di poeti" ti eludesse non una ma due volte? La mia soluzione: scrivere una poesia su questa mia Odissea. Naturalmente, Alexander Pope—se fosse ancora vivo—non si sognerebbe di tradurla (come ha fatto invece con quella di Omero)... quindi l'ho tradotta io stessa.

THE TREES AND THE SEA – This poem is set between the apartment in Genoa where I lived and my daughter was born, overlooking the port from which I could see ship masts (trees in the wind)—and the new home across the ocean in California. Here I sprouted new roots and branches, but I continued to dream about Genoa. From the window one day, I observed the huge pine tree in the front yard being cut. I had a new dream of a red curtain similar to a red flame and a sea inside a sea. This dream (and this poem) ended the memory and nostalgia of the old house on the pier.

ORDINARY PEOPLE – When I wrote this poem I was reading Ken Wilber's book *Sex, Ecology and Spirituality*. I was especially inspired by his claim that "We must shout from the heart, those who are allowed to see carry the burden" and by the invitation to "build soaring bridges where others dig moats."

RESONANCE – I had been studying *Back to the Future of Humanity* by Dr. Ibrahim Karim, a book about BioGeometry and I was particularly eager to grasp the significance of the concept of "resonance" and experience it through words in a poem.

STUDYING KEN WILBER, TIME WAVE ZERO – This poem was written to absorb the particularly complicated concept of I-I. I think I was successful. It helped me to be able to assimilate the concept while I slept. However, if someone asked me to explain it, I'm not sure I could.

GLI ALBERI E IL MARE – Questa poesia è ambientata tra l'appartamento di Genova - dove ho vissuto ed è nata mia figlia - affacciato sul porto da cui vedevo gli alberi delle navi (alberi al vento) e la casa dall'altra parte dell'oceano in California. Qui sono germogliate nuove radici e spuntati nuovi rami ma ho continuato a sognare la casa di allora. Un giorno dalla finestra ho visto tagliare il grande pino nel giardino. Il sogno di una tenda rossa come una fiamma e un mare dentro un mare ha posto fine al ricordo e a la nostalgia della vecchia casa sul molo.

GENTE COMUNE – Quando ho scritto questa poesia stavo leggendo *Sesso, ecologia e spiritualità* di Ken Wilber Sono stata particolarmente ispirata da alcune espressioni come, "Dobbiamo gridare dal cuore, coloro cui è concesso vedere portano il peso" e dall'invito a "costruire ponti svettanti dove altri scavano fossi".

RISONANZE – Stavo studiando *Ritorno al futuro dell'umanità* del Dr. Ibrahim Karim, un libro sulla BioGeometria ed ero particolarmente desiderosa di cogliere il significato del concetto di "risonanza" e farne esperienza attraverso le parole in una poesia.

STUDIANDO KEN WILBER, TIME WAVE ZERO – Questa è una poesia scritta per assorbire il concetto particolarmente complicato di Io-Io. Penso di esserci riuscita. Mi ha aiutato poterlo assimilare mentre dormivo. Tuttavia, se mi si chiedesse di spiegarlo, non sono sicura che ci riuscirei.

Acknowledgements

With the publication of this book, I convey my heartfelt appreciation to these wonderful people, groups, gatherings, and organizations who have contributed so much and sustained me in my poetry and artistic endeavors—on two continents—over many years:

To Carlo Gazzelli, my dear poet friend and teacher, for everything I learned from the conversations we've had revolving around poetry and for his help in structuring the Italian version of my sestina "The Splendor of Lucidity."

To Claudia Azzola, poet and director of the literary magazine *Traduzionitradizioni* (Milan), an annual publication dedicated to the art of translating poetry. In the issues of 2015 and 2016, several of my translations of poems by Carlo Gazzelli and Mauro Castagneto were published.

To Rita Jamison, my first Creative Writing teacher and her students for their understanding, appreciation and friendship.

To *Rime Tempestose*, a group of four Italian poets of which I was a member. Together we created and performed a poetry show called *F.A.M.E.* in Genoa in 2006. Some poems in this collection were written for that event: "Silvery Laughter," "For your Right Ankle" and "Lack of Habit."

To the Palo Alto poetry group who alway provides valuable contributions through our discussion and exchanges of poetry. On occasion I had some difficulty finding the meeting place. I describe this experience in the poem "Looking for 360 Pope Street."

To the Waverley Writers in Palo Alto, California, a welcoming venue for poets to read and listen to each other's poetry and establish enduring friendships. The group produces a monthly journal *Fresh Hot Bread* where several of my poems have appeared.

Special thanks to Joni Ratts for her contribution to my poem "Between Me and My Poem."

Ringraziamenti

Con la pubblicazione di questo libro, esprimo il mio sincero apprezzamento ai molti gruppi, organizzazioni e persone che hanno sostenuto le mie attività poetiche e artistiche - in due continenti - per molti anni e hanno generosamente contribuito con il loro insegnamento e incoraggiamento:

A Carlo Gazzelli, mio caro amico poeta e insegnante per tutto quello che ho imparato nelle nostre molte conversazioni sul tema della poesia e per il suo aiuto nella strutturazione della versione italiana della mia sestina "Lo splendore della lucidità".

A Claudia Azzola, poetessa e direttrice della rivista letteraria *Traduzionitradizioni* (Milano), quaderni internazionali di traduzione poetica. Nei numeri annuali 2015 e 2016 sono state pubblicate diverse mie traduzioni di poesie di Carlo Gazzelli e di Mauro Castagneto.

A Rita Jamison, la mia prima insegnante di scrittura creativa e ai suoi studenti per la loro comprensione, apprezzamento e amicizia.

A Rime Tempestose, un gruppo di quattro poetesse italiane di cui ho fatto parte nel 2005-2006. Insieme abbiamo creato e realizzato uno spettacolo di poesia chiamato *F.A.M.E.* a Genova. Alcune poesie di questa raccolta sono state scritte per quell'evento: "Una risata argentina", "Per la tua caviglia destra" e "Mancanza di abitudine".

Al gruppo di poesia di Palo Alto che ha sempre fornito preziosi contributi attraverso i nostri scambi di poesie e discussioni. Occasionalmente, mi è capitato di avere difficoltà a trovare il luogo d'incontro del nostro gruppo, come ho descritto nella poesia "Alla ricerca di 360 Pope Street".

Ai *Waverley Writers* di Palo Alto, California, gruppo creato per accogliere poeti, leggere e ascoltare poesie e stabilire amicizie durature. Questo gruppo produce una rivista mensile *Fresh Hot Bread* dove sono apparse molte delle mie poesie.

Un grazie speciale a Joni Ratts per il suo contributo alla mia poesia "Fra me e la mia poesia".

To my fellow questors of the "Perfect Negroni" who emerged from the Waverley Writers. Although absolute perfection somehow eluded us, we did produce some wonderfully inspired poetry during our quest.

To Eve Sutton's Poetry Appreciation class, a lively place of learning and enjoyment where many interesting projects were born. One of them was a formal dinner dedicated to the Italian Renaissance poet Torquato Tasso, to his poem "Jerusalem Delivered," to the music of Monteverdi, and the cuisine of the 1500s. I had the honor of organizing, researching recipes and catering the event.

To Elio Ligotti, poet, writer and teacher for the exciting *Officina di Scrittura Creativa* series of poetry classes he gave in Castellammare del Golfo, Sicily that sparked my enthusiasm for sonnets, sestinas, and terza rima.

To Esther Kamkar for our friendship of many years enlivened by our shared passion for poetry, art and cuisine. She inspired some meaningful lines and the title of the poem "Sweet Irene" dedicated to my daughter.

To Franco Oddo of Palermo, Sicily for his friendship, poetry and collaborative projects, including my translation of his poetry collection *Shells* (2017) from Italian into English, and his insightful contributions to my poetry.

To the Peninsula Writers for the 2000 contest in which I earned third place for my poem "Gnocchi" which appears in this collection.

To the festival *Genoa, European Capital of Culture* (2004) in which I earned honorable mention for "A Stroll in the Ancient City" in this collection—read by my friend Cristina Bobbio to conclude the event.

To Mauro Castagneto, friend, poet, physicist and artist, author of poetry and songs that have inspired me since the Seventies. Our collaboration when I translated his poetry collection *Lyridi* from Italian into English was a great experience. We often enjoy writing to each other exclusively in rhyme.

Ai miei colleghi "Ricercatori del Negroni Perfetto" gruppo emerso dalla comunità dei Waverley Writers. Sebbene la perfezione assoluta sembra averci eluso, durante la nostra ricerca abbiamo prodotto una collezione di poesie meravigliosamente ispirate.

Alla classe di Apprezzamento di Poesia di Eve Sutton, un luogo di studio e divertimento dove sono stati intrapresi molti progetti interessanti. Ad esempio, una cena formale dedicata al poeta rinascimentale italiano Torquato Tasso e al suo poema "La Gerusalemme liberata", alle musiche di Monteverdi e alla cucina del 1500, per la quale ho ricercato le ricette dell'epoca e avuto l'onore di cucinare.

A Elio Ligotti, poeta e insegnante per la stimolante serie di lezioni di poesia "Officina di Scrittura Creativa" tenute a Castellammare del Golfo, in Sicilia che ha suscitato il mio entusiasmo per sonetti, sestine e terza rima.

A Esther Kamkar per la nostra amicizia di molti anni nel contesto della nostra comune passione per la poesia, l'arte e la cucina. Esther mi ha ispirato alcuni versi significativi e il titolo della poesia "*Sweet Irene*", dedicata a mia figlia.

A Franco Oddo di Palermo, Sicilia per la sua amicizia e collaborazione a vari progetti. Fra gli altri, la mia traduzione dall'italiano all'inglese della sua collezione *Conchiglie* (2017) e il suo ispirato contributo alle mie poesie.

Al gruppo Peninsula Writers per il concorso del 2000 in cui ho ottenuto il terzo posto per la mia poesia "Gnocchi" che appare in questa raccolta.

Al festival *Genova, Capitale Europea della Cultura* (2004) in cui ho ottenuto la menzione d'onore per "Passeggiata nel Centro Storico" —in questa raccolta—letta a conclusione del festival dalla mia amica Cristina Bobbio.

A Mauro Castagneto, amico, poeta, fisico e artista, autore di poesie e canzoni che mi ispirano sin dagli anni Settanta. La nostra collaborazione nel tradurre la sua raccolta di poesie *Lyridi* dall'italiano all'inglese è stata una bellissima esperienza. Spesso ci dilettiamo a comunicare per iscritto esclusivamente in rima.

To Cristina Bobbio, author and friend, for her encouragement to write and publish my poetry. Together we have written many sonnets and villanelles during our stays in Castellammare del Golfo, Sicily.

To Robert Perry, poet and publisher, book designer and artist, for understanding my vision for the design of my collection of poems in English and Italian—and the outstanding work he has done translating that vision into this beautiful book.

To Dotti Cichon, artist and photographer, for her encouragement and inspiration. Some of my poems, such as "Memory of Apricots" and "Lilac Paradise" in 2018 and "101 Things You Can Do with Bamboo" in 2022, have been presented together with her artwork in exhibits in the San Francisco Bay Area.

To the Olive Hyde Guild Art Gallery in Fremont, California for hosting the 2023 exhibition *Tree Talk: Poems in the Air*, a poetic-artistic collaboration in which photographs by Dotti Cichon and my mixed-media paintings were presented together with my poems.

To my children Irene and Stefano for their understanding, patience and willingness to play the poetry version of "Exquisite Corpse" during celebrations with friends and family. We now have a great collection of these memorable poems.

Many thanks to all of you for helping to make this book a reality.

A Cristina Bobbio, autrice e amica, per il suo incoraggiamento a scrivere e pubblicare le mie poesie. Insieme abbiamo scritto molti sonetti e villanelle durante i nostri soggiorni a Castellammare del Golfo, in Sicilia.

A Robert Perry, poeta ed editore, book designer e artista, per aver compreso la mia visione per la raccolta delle mie poesie in inglese e italiano e l'eccezionale lavoro che ha fatto nel realizzare questo bellissimo libro.

A Dotti Cichon, artista e fotografa, per il suo incoraggiamento e ispirazione. Alcune delle mie poesie, come "*Memory of Apricots*" e "*Lilac Paradise*" nel 2018 e "*101 Things You Can Do with Bamboo*" nel 2022, sono state presentate insieme alle sue fotografie e video in mostre d'arte nella Bay Area di San Francisco.

Alla galleria d'arte Olive Hyde Guild di Fremont, in California per aver ospitato la mostra del 2023 *Tree Talk: Poems in the Air*, una collaborazione poetico-artistica in cui sono state presentate fotografie artistiche di Dotti Cichon e miei dipinti a tecnica mista insieme alle mie poesie.

Ai miei figli Irene e Stefano per la loro comprensione, pazienza e disponibilità a giocare alla versione poetica di "Cadaveri eccellenti" durante ricorrenze e celebrazioni con amici e familiari. Abbiamo ora una collezione di queste memorabili poesie.

Molte grazie a tutti voi per aver contribuito a rendere questo libro una realtà.

COLOPHON

Cover and interior pages designed by Robert Perry
of Robert Perry Book Design and Dutch Poet Press.

Printed and distributed by IngramSpark.

Display and text typeface and ornaments
set in *Bodoni Oldstyle* designed
by Giambattista Bodoni (1740-1813).

It was chosen as the most fitting and congenial
typeface and ornamentation
for a collection of poems presented
in English and Italian by a poet
who like the style of typography embodies
the culture of Italy wherever
she lives or travels.

www.ingramcontent.com/pod-product-compliance
Lightning Source LLC
Chambersburg PA
CBHW060358080526
44583CB00012B/371